·能源经济文库·
加快生态文明建设 推动能源发展转型

“十四五”时期
能源发展思路及战略重点研究

王仲颖 白泉 等◎著

中国经济出版社
CHINA ECONOMIC PUBLISHING HOUSE
·北京·

图书在版编目（CIP）数据

“十四五”时期能源发展思路及战略重点研究/王仲颖等著.--北京：中国经济出版社，2021.12
ISBN 978-7-5136-6799-9

Ⅰ.①十… Ⅱ.①王… Ⅲ.①能源发展-研究-中国-2021-2025 Ⅳ.①F426.2

中国版本图书馆 CIP 数据核字（2021）第 277770 号

责任编辑 姜 静 李玄璇
责任印制 马小宾
封面设计 任燕飞工作室

出版发行 中国经济出版社
印 刷 者 北京艾普海德印刷有限公司
经 销 者 各地新华书店
开　　本 710mm×1000mm 1/16
印　　张 12.75
字　　数 170 千字
版　　次 2021 年 12 月第 1 版
印　　次 2021 年 12 月第 1 次
定　　价 78.00 元
广告经营许可证 京西工商广字第 8179 号

中国经济出版社 网址 www.economyph.com 社址 北京市东城区安定门外大街 58 号 邮编 100011
本版图书如存在印装质量问题，请与本社销售中心联系调换（联系电话：010-57512564）

前 言

党的十九大以来，能源领域工作的重点已经从主要解决“有没有”的问题，转变为解决“好不好”的问题。我国能源发展的主要矛盾已由过去数十年能源需求总量快速增长和供应能力不足的矛盾，转变为发展不绿色、人民美好生活需要不能充分满足的矛盾。

为了更好地谋划“十四五”时期能源发展，国家发展和改革委员会能源研究所课题组（以下简称课题组）回顾了21世纪以来国内外能源发展的基本态势，分析和预判了未来世界能源发展和能源地缘政治格局演变的趋势和特点，以及“十四五”时期能源发展的阶段性特征和面临的主要风险，提出了我国“十四五”能源规划的新思路、新目标、新定位和新举措。

课题研究的创新性成果主要有以下几点：

第一，研判了“十四五”时期我国能源发展的阶段性特征。“十四五”时期是世界能源格局剧烈变动和能源安全问题受到高度关注的时期，也是我国全面融入全球能源发展潮流的初级阶段，以绿色发展全面统领能源发展的重要阶段，深化改革、真正实现以市场配置能源资源为主的攻坚阶段。

第二，识别了“十四五”时期我国能源发展面临的主要风险。“十四五”时期我国能源发展面临各种风险，但主要面临的是安全风险、经济风险和绿色风险。尽管地缘政治格局变化可能不断给我国的油气供应带来风险，但我国能源总体自给率大于80%，安全风险总体可控；

“十四五”时期能源开发成本面临上涨压力，能源资源型地区转型压力加大，经济风险不容忽视；煤炭消费量由减到增，“一煤独大”局面短期难以显著改善，新能源产业发展也会遭遇新旧制约和瓶颈。

第三，明确了“十四五”时期我国能源发展的总体思路。一是要把到2035年全面融入全球能源低碳化大潮作为能源发展的中长期目标，以此确定“十四五”时期能源转型的目标和定位，即要把“绿色”摆在统领地位，统筹兼顾、协调促进“经济”“安全”，坚持走“绿色统领、优化结构、改革开道、融入全球、防范风险”的能源转型道路。二是“十四五”时期我国能源发展规划的指导思想必须要从过去采取的以“总量—结构—布局”为顺序、以“保障供应”为主要目标，切换到把绿色发展摆在统领地位的新思路上来。

第四，提出了“十四五”时期实施生态能源行动的主要目标。到2025年，将化石能源消费总量控制在44亿吨标准煤以内，煤炭消费量控制在39亿吨以内；非化石能源消费比重提高到23%以上，电力占终端能源消费比例提高到34%左右；可再生能源发电量比重达到38%，煤电机组的灵活性改造完成率达到40%以上；石油储备能力提高到90天进口量，天然气应急储备量占消费量比例提高到15%；单位国内生产总值能耗比2020年下降14%左右；新能源全面摆脱补贴依赖，化石能源成本可控并力争下降；碳排放力争2030年前达到峰值。

第五，提出了“十四五”时期实施生态能源行动的五大关键举措。包括真正从严控制化石能源消费、以优化结构为核心进一步深化能源供给侧结构性改革、集中式与分布式发展并重、大幅降低能源领域非技术性成本、建立国家能源安全预警信息系统。

第六，提出了“十四五”时期能源发展的八大战略重点。包括建立能源绿色发展目标责任体系和制度体系；制定能源保供预案、补足能源安全短板；推动能源消费低碳化、电气化、智能化升级；大力推进清洁能源发展和传统能源转型升级；着力推动重点区域能源生产消费革命；以能源技术变革推动创新发展；建立以市场配置能源资源为主的体制机制；以“一带一路”为重点区域，营造“共同安全”的能源国际合作新环境。

本书是课题研究成果的结晶。王仲颖、白泉负责全书的谋划、组织和指导。第一章总结了近年来我国能源消费升级的新形势与新变化，分析了能源消费升级的驱动因素以及这些驱动因素的长期可持续性，提出了未来能源消费升级和能源结构变化的主要趋势，由白泉执笔。第二章是“十四五”时期和中长期能源转型情景分析。课题组利用模型工具系统分析了驱动能源发展转型的主要因素和边界条件，通过设定“既定政策情景”和“绿色低碳情景”，分析了“十四五”时期和中长期我国能源转型情景和路径，预测了能源和电力需求与供给的规模、增速、强度、结构等主要指标，由赵勇强、郑雅楠、韩雪执笔。第三章系统梳理了全球能源格局的变化和绿色转型的趋势，重点剖析了我国能源发展面临的外在之虞和自身之困，在此基础上提出了应对能源安全风险的一揽子对策建议，由朱跃中、刘建国、蒋钦云执笔。第四章剖析了“十四五”时期深化能源治理方式改革的必要性和紧迫性，按照“有为政府、有效市场、有机社会”的“三有”要求，提出了能源治理改革的思路和重点，由高虎、苏铭执笔。第五章是对“十四五”时期能源发展思路和战略重点的建议，由王仲颖、韩文科、白泉、高虎、朱跃中、苏铭、赵勇强、肖新建、郑雅楠执笔。附录一是课题组对陕西榆林能源化工基地进行深入调查的研究成果，由王仲颖、姚明涛、熊小平执笔；附录二是课题组赴广东对广东省车用氢能产业链进行调查的研究成果，由王仲颖、刘坚、钟财富执笔。

需要说明的是，本课题研究是在2019年4—10月开展的，文中的定量分析以2019年之前的数据为基础，对2020年、“十四五”时期和2030年的能源发展前景进行分析预判，因此，基础数据与2020年的数据、有关部门调整完善后的数据、在新冠肺炎疫情影响下实际发生的数据稍有差异，成书的过程中并未对此做过多修改。作为2019年前瞻性探索“十四五”时期能源发展的课题研究，课题组对国内外能源形势、“十四五”时期能源发展战略重点和主要问题的分析研判，以及提出的相关建议，其参考性和价值并未受到影响。

课题研究工作自始至终得到了国家发展和改革委员会发展战略和规划司、国家发展和改革委员会基础设施发展司、国家发展和改革委员会宏观经济研究院有关领导和专家的悉心指导与热情帮助，课题调研也得到了广东、陕西两省发展改革和能源部门及有关单位许多同志的支持和帮助，课题组在此对他们表示衷心的感谢！

本书的观点仅代表课题组意见，不代表政府部门的意见，更不代表社会共识。请广大读者对本书的不足之处给予批评指正。

课题组

2021年5月

目　录

第一章

我国能源消费升级驱动因素和中长期趋势分析

党的十九大报告指出，中国特色社会主义进入新时代，我国社会主要矛盾已经转化为人民日益增长的美好生活需要和不平衡不充分的发展之间的矛盾。

随着收入的不断增长，人们的需求已经远远不满足于经济收入的增长和物质生活上的温饱，对居住条件、自然环境、生活服务、社会安全、文化娱乐、知识教育、医疗健康、美容美体、养老保健等方面的需求都在不断地增加。经济形势变化和人民消费需求的升级，对我国能源消费产生了一系列新的影响，导致我国近两年能源消费增速加快。展望未来，只有更加重视新趋势、新变化，才能对未来能源消费发展趋势做出更加准确的判断。

一、近年来我国能源消费升级的新形势与新变化

与“十一五”时期和“十二五”时期相比，“十三五”时期我国能源消费的增长速度、品种结构和区域分布出现了比较明显的新变化，这意味着我国能源发展正在进入一个全新的阶段。

（一）煤炭消费轻度反弹，比重持续下降

长期以来，我国煤炭消费占一次能源消费的比重一直维持在70%～77%。“十二五”时期以来，我国煤炭消费占一次能源消费的比重出现了比较明显的连续下降，从2011年的70.2%持续下降到2018年的59%（见图1-1）。因此，预计《能源发展“十三五”规划》提出的预期目标，即

到 2020 年煤炭消费占一次能源消费的比重下降到 58%可以提前实现。

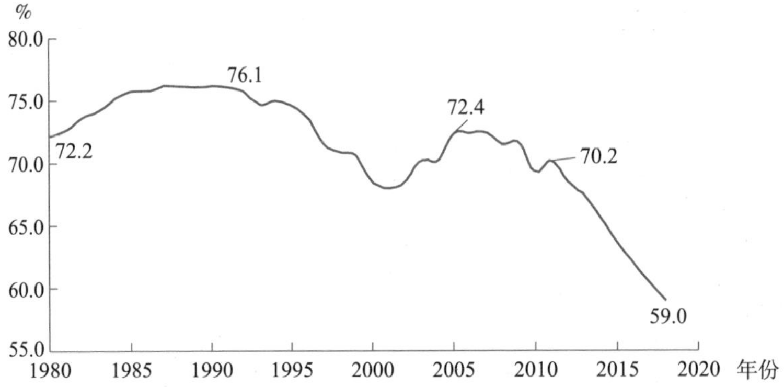

图 1-1　1980—2018 年我国煤炭消费占一次能源消费的比重

同时，我国煤炭消费总量已经进入峰值阶段。2000 年以来，我国煤炭消费量持续增长，从 2000 年的 13. 6 亿吨增长到 2013 年的 42. 4 亿吨，年均增长速度为 9. 2%。2013 年之后，我国煤炭消费量连续三年下降，2016 年下降到 38. 5 亿吨的低点。2017 年和 2018 年，我国煤炭消费量有所反弹，2018 年上升到 39 亿吨（见图 1-2）。总体而言，我国煤炭消费量已经达到峰值平台期，并且将保持在峰值波动态势之中。

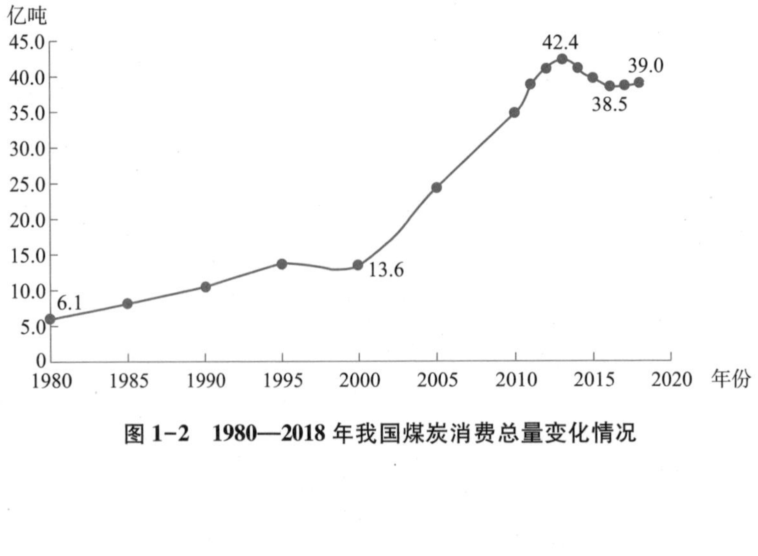

图 1-2　1980—2018 年我国煤炭消费总量变化情况

（二）电力消费增长突破预期

《电力发展“十三五”规划》中提出，到 2020 年，预期全社会用电量为 6.8 万亿~7.2 万亿千瓦·时，年均增长 3.6%~4.8%。“十二五”后期，一些研究机构和专家认为《电力发展“十三五”规划》提出的电力消费目标严重偏高，会对“十三五”电力行业发展产生“误导”。

实际上，我国 2016 年、2017 年和 2018 年电力消费分别增长 5.6%、6.6%和 8.5%，前三年年均增速高达 6.9%，2018 年全社会电力消费量已达到 6.8 万亿千瓦·时。2020 年，我国电力消费量有可能达到 7.6 万亿千瓦·时，大大超出《电力发展“十三五”规划》提出的预期值（见图 1-3）。

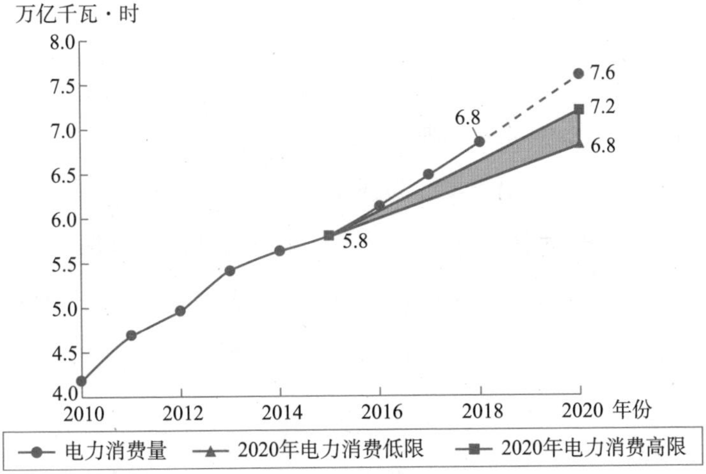

图 1-3　2010—2020 年我国电力消费量变化情况

（三）天然气消费快速增长

“十三五”时期，我国天然气消费进入前所未有的大发展阶段。天然气消费量从 2015 年的 1932 亿立方米迅速提高到 2018 年的 2808 亿立方米，年均增长速度达到 13.3%（见图 1-4）。

从图 1-4 中可以看出，2016 年以后我国天然气消费增长加快，天然气消费增幅明显比“十二五”后两年快很多。在很多地区，天然气作为替代煤炭、减少环境污染的清洁能源被大力推广。

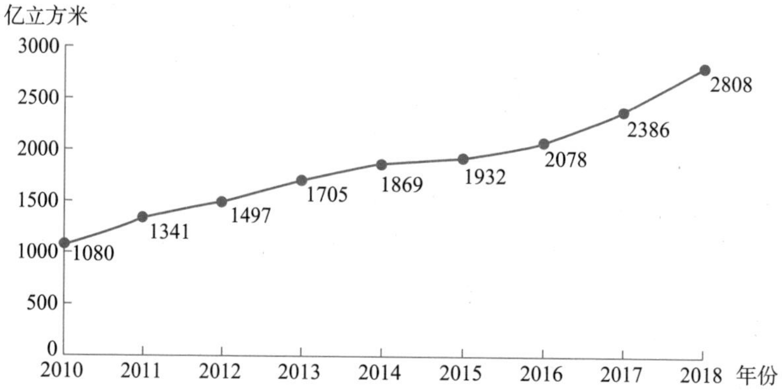

图 1-4　2010—2018 年我国天然气消费量变化情况

（四）石油消费中低速增长

随着机动车保有量持续增加，我国石油消费稳步增长。“十二五”时期，我国石油消费量从 4.6 亿吨提高到 5.5 亿吨，年均增速 4.6%。“十三五”前两年，我国石油消费量提高到 2017 年的 5.9 亿吨，年均增速 3.2%（见图 1-5）。与电力消费和天然气消费相比，石油消费增长速度较低。与煤炭消费相比，石油消费尚未出现“达峰”或者“平台波动”的迹象。

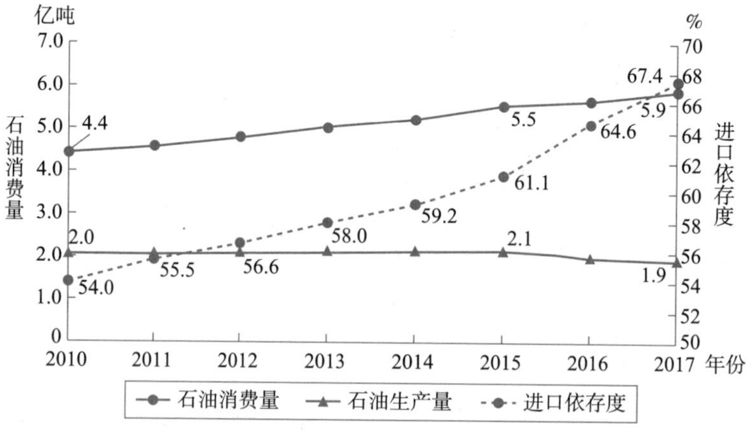

图 1-5　2010—2017 年我国石油消费量变化情况

与稳步增长的石油消费相比，我国石油生产能力一直维持在年产 2 亿吨左右，近两年下降到年产 1.9 亿吨。虽然石油消费增长，但石油生产能力基本维持不变，导致我国石油进口依存度持续提高。2017 年我国石油进口依存度达到 67.4%，2018 年达到 70%以上。

从石油消费的增长幅度看，2010 年以来我国石油消费年均增幅为 2100 万吨，最高的年份为 3300 万吨，最低的年份为 1200 万吨（见图 1-6），呈总体增长态势。这将导致我国石油进口依存度继续保持增长。

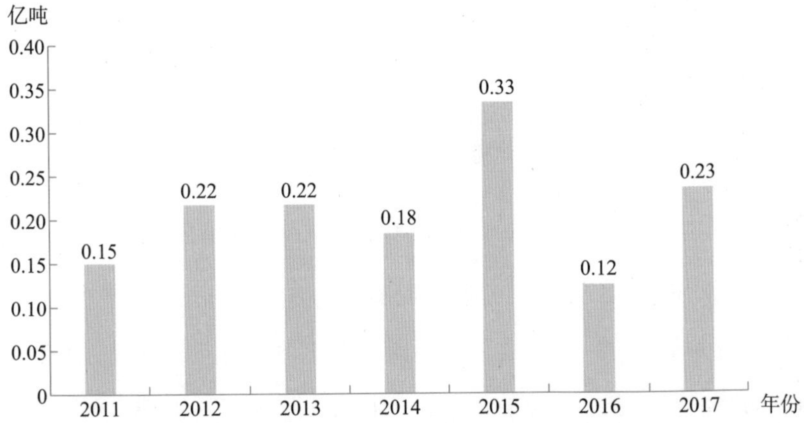

图 1-6　2011—2017 年我国每年石油消费量增幅

（五）不同省（区、市）能源消费增长速度出现明显分化

能源资源是经济发展重要的物质支撑。长期以来，随着各地区经济持续稳定增长，能源消费也呈比较稳定的增长态势。图 1-7 展示了 2000 年以来我国各省（区、市）能源消费的增长态势，总体而言，2000—2012 年，能源消费随各省（区、市）经济的持续增长而保持增长态势，但 2012 年以后，我国少数省（区、市）能源消费由升转降，不同省（区、市）之间能源消费的差异分化在加大。

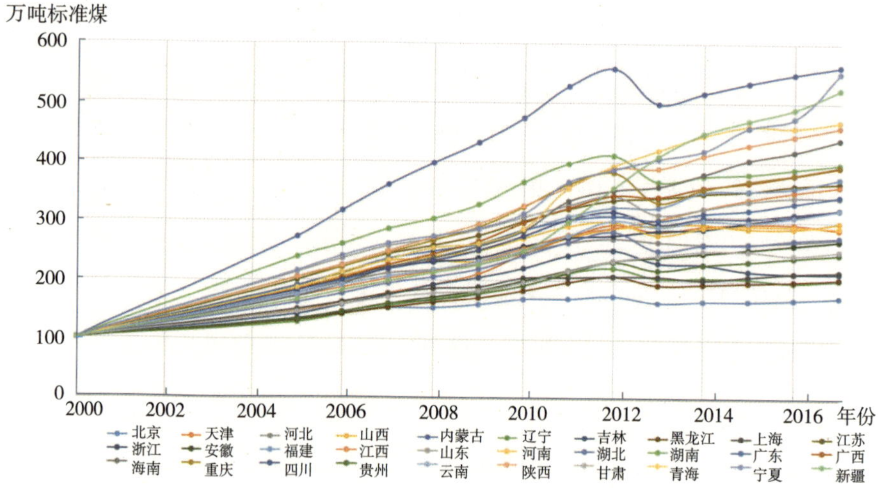

图 1-7　2000 年以来我国各省（区、市）能源消费变化情况
（假设 2000 年能源消费量为 100 万吨标准煤）

表 1-1 给出了 2013—2017 年我国各省（区、市）每年能源消费量与上一年相比的变化情况。从表中可以看出，2013 年超过一半的省（区、市）能源消费低于上一年。之后，不同年份中，在不同的省（区、市）先后出现能源消费低于上一年的情况。“十三五”期间，天津、河南连续两年能源消费低于上一年。山西、吉林、辽宁、山东、甘肃、青海出现下一年能源消费低于上一年的情况。

表 1-1　2013—2017 年我国各省（区、市）每年能源消费量与上一年相比的变化情况

单位：万吨标准煤

地　区	2013 年	2014 年	2015 年	2016 年	2017 年
北　京	-454	107	21	109	171
天　津	-326	263	115	-15	-234
河　北	-586	-344	75	399	591
山　西	426	101	-479	17	657
内蒙古	-2104	628	618	530	458
辽　宁	-1806	83	-136	-636	524
吉　林	-798	-86	-418	-128	1
黑龙江	-904	102	171	154	255
上　海	-16	-261	303	325	147

续表

地　区	2013 年	2014 年	2015 年	2016 年	2017 年
江　苏	356	658	372	819	377
浙　江	564	186	784	665	754
安　徽	338	315	321	363	357
福　建	4	920	70	178	532
江　西	350	472	385	307	248
山　东	-3542	1153	1434	777	-39
河　南	-1738	981	271	-44	-174
湖　北	-1972	617	83	446	300
湖　南	-1826	398	152	336	367
广　东	-664	1114	552	1095	1101
广　西	-54	415	245	332	366
海　南	32	100	118	68	97
重　庆	-1229	543	341	270	341
四　川	-1363	667	9	474	512
贵　州	-580	410	240	278	255
云　南	-362	383	-98	299	435
陕　西	-15	612	493	404	416
甘　肃	280	235	1	-189	205
青　海	244	224	142	-24	92
宁　夏	218	166	459	187	897
新　疆	1800	1294	725	651	1090

从各省（区、市）能源消费年度增幅变化情况看，内蒙古、安徽、海南等省（区、市）的年度能源消费增幅相对比较稳定，天津、辽宁、四川、甘肃等省（区、市）能源消费年度增幅大起大落。

上述情况说明：第一，各省（区、市）能源消费的地区差异在逐渐扩大，继续沿用历史趋势外推预测未来能源消费的准确性将变差；第二，影响能源消费的短期因素增多，不同时期、不同地区的影响因素各异，预测能源消费总量和强度变化的难度加大。

（六）不同地区能源消费结构优化步伐迥异

近年来，我国能源消费结构总体向着清洁化、低碳化、高效化的方向前行。北京、天津等经济较发达地区率先加速能源结构优化，并取得了比较显著的进展。

北京市能源消费结构优化进展迅速（见图 1-8）。短短七年时间，北京市煤炭消费量从 2010 年的 1882 万吨标准煤下降到 2017 年的 403 万吨标准煤，煤炭消费量削减了近 80%。煤炭消费占北京市一次能源消费的比重从 2010 年的 29. 6%下降到 2017 年的 5. 7%。北京市在削减煤炭消费的过程中，天然气和电力发挥了重要的替代作用，特别是在冬季清洁取暖过程中，电代煤、气代煤的各种技术和装备得到广泛推广。

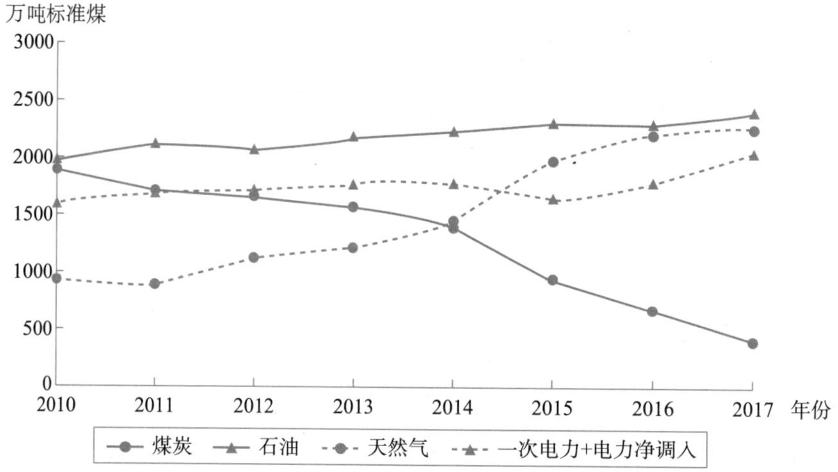

图 1-8　2010—2017 年北京市分品种能源消费情况

天津市煤炭消费量从 2010 年的 4400 万吨标准煤一度提高到 2012 年的 5073 万吨标准煤，之后逐步下降到 2017 年的 3581 万吨标准煤（见图 1-9）。与峰值时相比，2017 年天津市煤炭消费量削减了近 20%。天津市能源消费结构的变化，一方面与天津市环境污染治理力度大、减煤工作“压茬推进”紧密相关，另一方面也与天津市统计数据“挤水分”、产业发展景气度下降有一定关系。

与北京市、天津市相比，河北省的能源结构优化步伐明显滞后。2010—2017 年，河北省煤炭消费量一直维持在 2. 5 亿吨标准煤左右的高

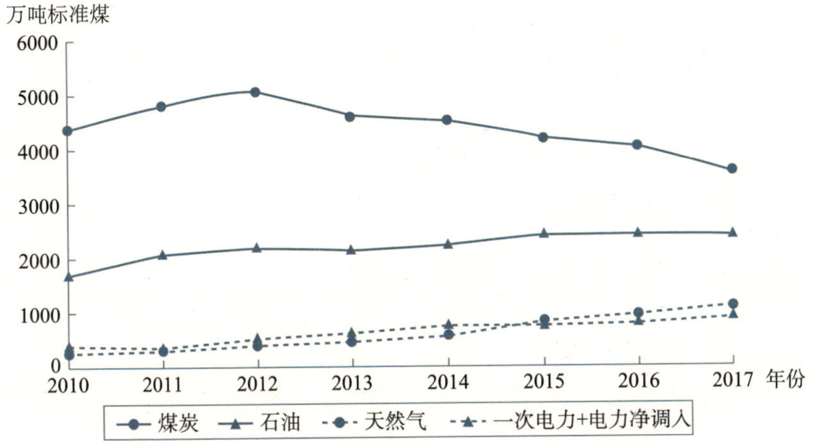

图 1-9　2010—2017 年天津市分品种能源消费情况

位，未出现明显的下降态势（见图 1-10）。河北省煤炭消费在能源消费中的比重长期居高不下，2010 年煤炭消费占一次能源消费的比重为 89.7%，2017 年下降到 83.7%，7 年只下降了 6 个百分点。河北省能源结构难以优化主要受制于钢铁、水泥等高耗能产业的比重居高不下。在钢铁产业经济效益好的年份，煤炭消费量往往会出现反弹。河北省产业结构如果得不到重大调整，则能源消费结构优化的难度很大。

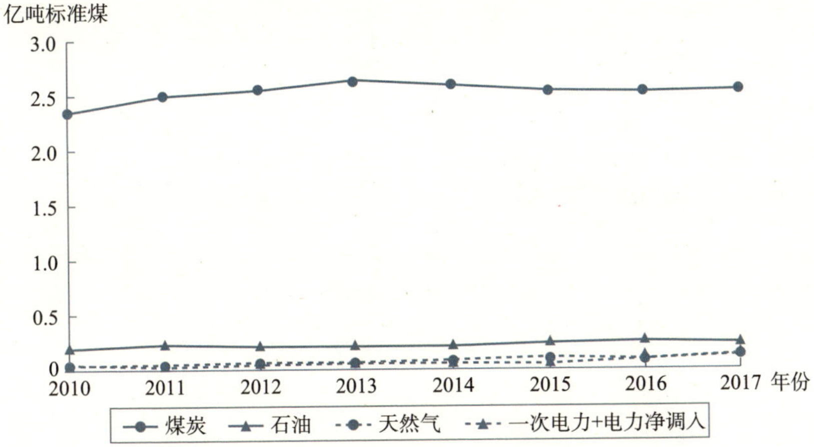

图 1-10　2010—2017 年河北省分品种能源消费情况

二、能源消费升级的驱动因素分析及其长期可持续性

（一）第三产业成为拉动经济增长的新动力

能源消费升级首先是我国经济发展升级的产物。2018 年我国各省（区、市）经济和产业结构状况见表 1-2。

表 1-2　2018 年我国各省（区、市）经济和产业结构状况

地　区	地区生产总值/亿元	人均地区生产总值/元	地区生产总值构成		
			第一产业占比/%	第二产业占比/%	第三产业占比/%
北　京	30319. 98	140211	0. 4	18. 6	81. 0
天　津	18809. 64	120711	0. 9	40. 5	58. 6
河　北	36010. 27	47772	9. 3	44. 5	46. 2
山　西	16818. 11	45328	4. 4	42. 2	53. 4
内蒙古	17289. 22	68302	10. 1	39. 4	50. 5
辽　宁	25315. 35	58008	8. 0	39. 6	52. 4
吉　林	15074. 62	55611	7. 7	42. 5	49. 8
黑龙江	16361. 62	43274	18. 3	24. 6	57. 1
上　海	32679. 87	134982	0. 3	29. 8	69. 9
江　苏	92595. 40	115168	4. 5	44. 5	51. 0
浙　江	56197. 15	98643	3. 5	41. 8	54. 7
安　徽	30006. 82	47712	8. 8	46. 1	45. 1
福　建	35804. 04	91197	6. 7	48. 1	45. 2
江　西	21984. 78	47434	8. 6	46. 6	44. 8
山　东	76469. 67	76267	6. 5	44. 0	49. 5
河　南	48055. 86	50152	8. 9	45. 9	45. 2
湖　北	39366. 55	66616	9. 0	43. 4	47. 6
湖　南	36425. 78	52949	8. 5	39. 7	51. 8
广　东	97277. 77	86412	4. 0	41. 8	54. 2
广　西	20352. 51	41489	14. 8	39. 7	45. 5

续表

地　区	地区生产总值/亿元	人均地区生产总值/元	地区生产总值构成		
			第一产业占比/%	第二产业占比/%	第三产业占比/%
海　南	4832.05	51955	20.7	22.7	56.6
重　庆	20363.19	65933	6.8	40.9	52.3
四　川	40678.13	48883	10.9	37.7	51.4
贵　州	14806.45	41244	14.6	38.9	46.5
云　南	17881.12	37136	14.0	38.9	47.1
西　藏	1477.63	43398	8.8	42.5	48.7
陕　西	24438.32	63477	7.5	49.8	42.7
甘　肃	8246.07	31336	11.2	33.9	54.9
青　海	2865.23	47689	9.4	43.5	47.1
宁　夏	3705.18	54094	7.6	44.5	47.9
新　疆	12199.08	49475	13.9	40.3	45.8

资料来源：国家统计局，《中国统计年鉴2019》，2020年。

注：表中数据为初步核算数。

近年来，第三产业已经成为拉动我国经济发展的主要动力。2018年，第三产业在国内生产总值中的比重已经达到52.2%，显著高于40.7%的第二产业比重。从各地区情况看，北京的第三产业比重已经超过80%，上海第三产业比重也接近70%，广东、浙江第三产业比重超过53%。

与第二产业以煤为主的能源消费结构不同，第三产业能源消费以电力为主。第三产业加快发展，必然导致电力消费快速增长。因此，各地区能源消费升级更多地体现在能源结构逐步优化，特别是电力消费占终端能源消费的比重提高方面。

从长期趋势上看，第三产业占比稳步提高，其在国民经济中占据最大比重将是我国未来几十年经济社会发展的长期趋势。因此，第三产业拉动能源消费增长和电力消费增长将是我国能源发展的长期驱动因素，对我国能源消费增长和能源结构优化具有重要的推动作用。

（二）工业内部结构调整加速

工业内部结构升级对我国能源消费升级具有不容忽视的作用。长期以来，我国工业能源消费占能源消费总量的70%左右，六大高耗能工业占我国工业能源消费总量的70%左右。

近年来，以高端制造等战略性新兴产业为代表的非高耗能工业发展很快，工业企业的新动能持续发展壮大。2018 年，我国规模以上工业中战略性新兴产业增加值比上年增长 8.9%；高技术制造业增加值比上年增长 11.7%，占规模以上工业增加值的比重为 13.9%；装备制造业增加值比上年增长 8.1%，占规模以上工业增加值的比重为 32.9%；新能源汽车产量 115 万辆，比上年增长 66.2%；智能电视产量 11376 万台，比上年增长 17.7%。高端制造业使用煤炭、天然气比较少，能源消耗以电力为主。因此，高端制造业的快速发展必然导致电力消费加快增长。

从长期可持续性上看，高端制造业等新兴产业保持较高增速，在工业结构中占比提高是大势所趋。因此，工业用电保持较快的增长速度也将是长期趋势。

（三）居民收入水平提高推动居民消费向高品质消费升级

苏宁金融研究院发布的《中国居民消费升级指数报告（2018）》中《中国改革开放 40 年居民消费升级概览》表明，中国城镇居民和农村居民人均可支配收入分别从 1978 年的 3434 元和 1336 元增加到 2017 年的 36396 元和 13432 元，分别提高了 10.6 倍和 10 倍。在这个过程中，中国消费者的消费内容从以关注生存为重点升级到以体验消费和品质消费为重点，从以高效工作为重点转移到以高质量休闲为重点，食品烟酒在居民人均消费中的比重不断下降，而教育文化娱乐、医疗保健、交通通信等消费比重不断提高，旅游、教育、生活电器、保健产品成为消费者追捧的热点项目。

消费者更加愿意购买高品质的商品，对于新出现的高科技产品也热衷于尝试。苏宁易购的大数据显示，2018 年上半年，中高端大家电、新兴生活小家电、智能数码 3C 产品销售比上年同期增长 194%。其中，中高端大家电销售比上年同期增长 154%，新兴生活小家电销售比上年同期增长 141%，智能数码 3C 产品销售比上年同期增长 288%。旅游、教育、生活电器等高品质生活和服务产品大多与清洁能源消费紧密相关，与煤炭消费的相关性不大。因此，居民消费升级是近几年我国清洁能源加速发展的重要内在原因之一。

从长期可持续性上看，居民生活品质提高是新时代中国经济社会发展的必然趋势，这一趋势将对我国未来能源消费增长和能源结构优化产生重要的推动作用。

（四）信息化、网络化、智能化加快电力消费增长

近年来，我国信息化、网络化、智能化产品加快发展，云计算、大数据在越来越多的场合得到运用，网络支付设备、移动终端设备、智能识别设备等越来越普及。

家用电器方面，我国家电行业的骨干企业相继发布智能家居战略。2018 年，我国智能电视的市场渗透率已经超过 80%，智能洗衣机、智能空调的市场渗透率超过 30%，智能冰箱的市场渗透率也超过 10%，小米、百度、腾讯、京东等互联网公司纷纷推出系列化智能家居产品和智能家居服务，小米台灯、小米音箱等智能化设备进入家庭，提高了居民家庭生活的品质和便捷程度。

在商场、超市、宾馆、饭店，移动支付终端得到迅速普及，“一部手机走天下”“无现金社会”“车联网”“电力物联网”等诸多基于信息化、网络化、智能化的新概念层出不穷。这些新技术、新设备、新业态离不开电力的强有力支撑，其发展也必将显著拉动电力消费增长。

中国电力企业联合会发布的《2017—2018 年度全国电力供需形势分析预测报告》指出，2017 年我国第三产业用电量同比增长 10.7%，其中，信

息传输、计算机服务和软件业用电延续近年来的快速增长势头，同比增长14.6%，比第三产业用电量平均增速高出近50%。贵州、内蒙古等西部地区，随着大数据综合试验区等逐步建成和投运，信息业用电量高速增长。

从长期可持续性上看，信息化、网络化、智能化是我国经济社会发展的大势所趋，随着4G向5G升级和5G应用软件、5G硬件设备的全面推广，信息领域的电力消费增长速度将会明显提高。

（五）环保压力下清洁能源替代步伐加快

党的十八大以来，环境污染治理得到全国上下高度重视，煤炭减量化和清洁能源替代作为空气污染治理的重要手段之一，也得到了前所未有的高度关注。在环保督察的强力推进下，各地区、各部门把加快清洁能源替代作为一项重要的政治任务，压茬推进。

2013年，国务院发布了《大气污染防治行动计划》(简称"大气十条")，要求控制煤炭消费总量。制定国家煤炭消费总量中长期控制目标，实行目标责任管理。到2017年，煤炭占能源消费总量比重降低到65%以下。京津冀、长三角、珠三角等区域力争实现煤炭消费总量负增长，通过逐步提高接受外输电比例、增加天然气供应、加大非化石能源利用强度等措施替代燃煤。全面整治燃煤小锅炉。加快推进集中供热、"煤改气"、"煤改电"工程建设。到2017年，除必要保留的以外，地级及以上城市建成区基本淘汰每小时10蒸吨及以下的燃煤锅炉，禁止新建每小时20蒸吨以下的燃煤锅炉；其他地区原则上不再新建每小时10蒸吨以下的燃煤锅炉。在供热供气管网不能覆盖的地区，改用电、新能源或洁净煤，推广应用高效节能环保型锅炉。在化工、造纸、印染、制革、制药等产业集聚区，通过集中建设热电联产机组逐步淘汰分散燃煤锅炉。

在"大气十条"的基础上，国务院2018年发布了《打赢蓝天保卫战三年行动计划》，要求"有效推进北方地区清洁取暖。坚持从实际出发，宜电则电、宜气则气、宜煤则煤、宜热则热，确保北方地区群众安全取暖过冬”“开展燃煤锅炉综合整治。加大燃煤小锅炉淘汰力度。县级及以上城市建成区基本淘汰每小时 10 蒸吨及以下燃煤锅炉及茶水炉、经营性炉灶、储粮烘干设备等燃煤设施，原则上不再新建每小时 35 蒸吨以下的燃煤锅炉，其他地区原则上不再新建每小时 10 蒸吨以下的燃煤锅炉”“到 2020 年，全国煤炭占能源消费总量比重下降到 58%以下；北京、天津、河北、山东、河南五省（直辖市）煤炭消费总量比 2015 年下降 10%，长三角地区下降 5%，汾渭平原实现负增长；新建耗煤项目实行煤炭减量替代。按照煤炭集中使用、清洁利用的原则，重点削减非电力用煤，提高电力用煤比例，2020 年全国电力用煤占煤炭消费总量比重达到 55%以上。继续推进电能替代燃煤和燃油，替代规模达到 1000 亿千瓦·时以上”。

统计数据表明，在环保政策的大力推动下，我国煤炭散烧比重高的问题得到了有效解决。我国直接用于终端消费的煤炭已经从 2011 年峰值的约 12.1 亿吨下降到 2017 年的约 9.2 亿吨（见图 1-11）。2017 年，全部煤炭消费中的 73%被用于能源加工转换部门生产电力和热力，这一变化有利于控制环境污染问题。

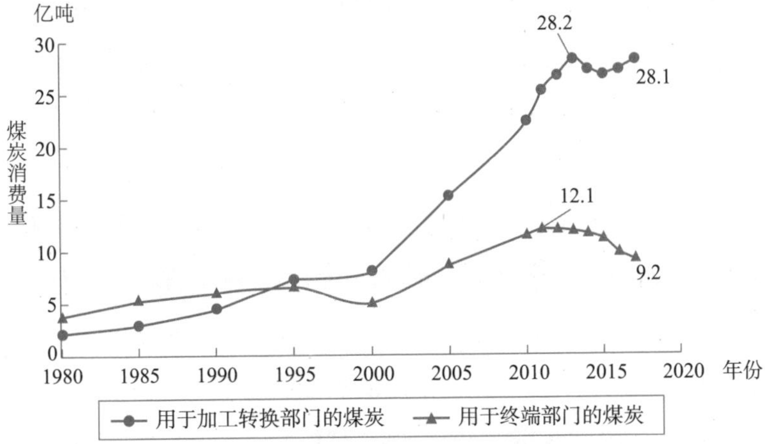

图 1-11　1980 年以来我国煤炭消费的主要用途

从长期可持续性上看，以减少终端用能部门煤炭消费为重点的环保攻坚战已经取得重大成效。大多数终端用能部门的燃煤锅炉已经基本达到环保要求，用于加工转换部门的煤炭消费也基本达到了污染物排放要求。我国燃煤电厂的污染物排放标准比美国、日本、欧盟的排放标准更严格，已达到世界领先水平。继续提高污染物排放标准的难度越来越大，经济代价越来越高。同时，煤炭在我国仍然是价格最低、资源储量最有保障、消费者最容易获得的能源资源，短期内很难做到禁止煤炭消费。以环境污染治理为目标推进煤炭减量替代将面临越来越大的挑战，长期持续难度很大。如果不对二氧化碳排放提出更严格的要求，天然气和可再生能源难以发挥更显著的替代作用，大幅削减煤炭消费难度也比较大。

（六）极端天气现象导致供暖和制冷能耗增长

近两年，全球气候变化形势越来越严峻，全球气温持续提高。2019 年 5 月，美国科学家探测到地球大气层二氧化碳浓度已达到 415.26ppm，这不仅是 1 万年前农业出现以来最高的，也是有记录以来最高的。2019 年世界气象组织发布的《2018 年全球气候状况声明》显示，全球变暖仍在加速，创纪录的温室气体浓度将全球温度推向越来越危险的水平，气候变化的社会经济影响正在加剧。中国气象局气候变化中心 2019 年发布的《中国气候变化蓝皮书（2019）》指出，1951—2018 年，中国年均气温每 10 年升高 0.24℃，升温速度明显高于同期全球平均水平。

全球气候变化导致夏季酷热和冬季严寒等极端天气现象越来越频繁，制冷或采暖时间更长，这将增大夏季时间电力高峰负荷的峰值和持续时间，增加冬季采暖的“度日数”需求，导致电力、天然气峰值负荷更高。2019 年 7 月，江苏、山东、北京、河北等地区电网负荷均创下新高，地方政府和当地电网纷纷采取紧急措施加以应对。

从长期可持续性上看，目前国内各界对极端天气现象导致的能源需求增长明显重视不足。极端天气因素不仅对能源需求总量有一定影响，而且对短期能源供应的冲击更大。为了应对极端天气现象的影响，必须要提前做好无害预报和电力、热力峰值负荷冲击的应急防范措施，着手从电力、热力的产供储销环节加以应对。

（七）统计误差和统计制度不完善导致能源消费“增长”

能源消费统计数据是衡量我国能源消费基本情况的主要依据。能源消费统计是一项专业性非常强、覆盖面非常广、核算过程非常复杂的统计工作，做到科学统计、全面统计、准确统计并及时发布统计数据难度非常大。在分析能源消费变化时，必须要充分考虑统计误差和统计制度不完善所导致的能耗变化，才能使能源消费的分析更加客观、准确。

统计制度不完善导致非商品能源消费长期未纳入统计。长期以来，农村用秸秆、农村用太阳能热水等都属于非商品能源，统计这些能源消费难度非常大，农村用煤的统计往往难以保证准确性。近几年，随着农村居民生活水平的提高，农村非商品能源和农村用煤炭被更加易于统计的电力、天然气等商品能源所替代，导致过去未纳入统计的一部分农村能源消费进入统计体系。这在一定程度上抬高了农村能源消费的增长速度。

另外，地条钢长期用于农村建设，而地条钢的产量长期未纳入我国钢铁产量统计。从市场供需变化情况看，2018 年“去地条钢”政策所产生的钢铁需求缺口要比之前预想的大得多。中国钢铁协会专家认为，我国地条钢的产能至少在 1 亿吨以上，也有专家认为接近 2 亿吨。生产 1 亿吨地条钢相对应的能源消费接近 1 亿吨标准煤，而我国近几年平均能源消费增长仅为 0.96 亿吨，基本上处于同一个数量级。因此可以想象，地条钢相关的统计误差和“去地条钢”政策带来的影响，对能源消费数据的影响也非常大。

从地区层面看，全国能源消费总量与各省（区、市）能源消费总量之和存在一定误差。2005—2010 年，全国能源消费总量与各省（区、市）能源消费量之和的误差不断上升，到 2012 年时高达 10.2%。之后，随着我国统计制度不断完善，误差得到比较有效的控制，2013 年以后被控制在 5%

以内，但各省（区、市）能源消费量之和仍略高于全国能源消费总量（见图 1-12）。

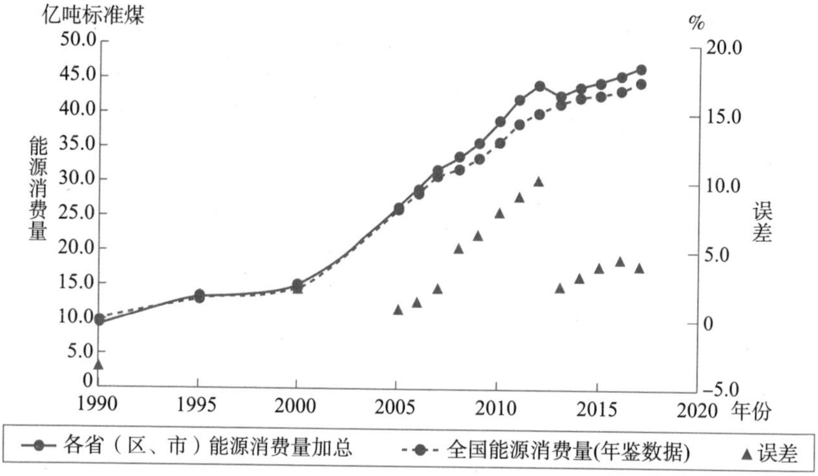

图 1-12　1990 年以来全国能源消费与各省（区、市）能源消费统计差异

从长期可持续性上来看，随着我国能源统计制度不断完善和非商品能源逐渐被商品能源所替代，以及煤炭逐渐被油气和电力热力所替代，能源消费的统计将会越来越准确，能源消费统计的误差将会有所减小。

三、未来能源消费升级的重点领域

在能源消费升级的各种因素驱动下，我国能源消费升级一方面表现为能源消费总量的增长，另一方面表现为能源结构的优化。在研究制定“十四五”能源发展和中长期战略时，必须要对下述几个领域的能源消费升级方向和重点给予更多关注。

（一）工业部门高效化、电气化、智能化水平提高

新一轮以数字化、网络化、智能化为显著特征的工业革命，工业机器人、人工智能、工业互联网等新技术的大规模应用将颠覆现有工业生产方式和组织结构，同时也将对工业用能结构产生深远影响。以工业机器人和

3D 打印技术为例，在替代传统生产方式和劳动力的同时，用能也将由煤炭等传统化石能源向电力转变。未来机器人等先进生产技术逐渐普及，将显著提高工业部门的电气化水平。

因此，在分析预测未来工业部门能源消费时，必须要改变趋势外推传统这一预测思路，为工业部门的电力消费留出更多增长空间。

（二）建筑部门煤炭消费减量化、电气化替代加速

随着建筑节能水平持续提高和被动式建筑推广力度不断加大，建筑部门传统上用于冬季供暖的煤炭将逐步被电力、天然气、工业余热等清洁能源替代，煤炭减量化将成为建筑部门能源消费升级的亮点和主攻方向之一。

随着网购、微商、民宿、主播、外卖等新服务、新业态的快速发展，越来越多的商务活动呈现居家化的新特征，居民生活用能的时间将会延长。此外，随着居民收入水平持续提高，住房采暖、空调、热水等普及率逐步提高，使用时间和使用的频繁程度将不断增加，必将导致电力消费增长加快。在服务业方面，“云大物智移”等新兴产业推动了数据中心用能持续增长，综合购物中心餐饮化、娱乐化等新模式将加大公共建筑的电力消费需求。

因此，在对未来建筑部门能源消费进行预测时，一方面，要努力将建筑部门煤炭消费压减到最低水平；另一方面，要适当给未来建筑部门电力消费增长留出足够空间。

（三）交通运输电气化、共享化、网联化、智能化、低碳化转型加快

我国已经是全球最大的电动车销售市场，拥有全球最大的电动车保有量。2018 年，我国电动车超过 260 万辆，占汽车总量的 1.09%。预计到 2020 年，我国电动车将增至 3000 多万辆，新能源汽车销售占比达到 15%~20%，到 2030 年我国电动车保有量会超过 1 亿辆。预计铁路电气化率将进

一步提升，港口岸电、电动化船舶、货车将得到较大范围的推广。与此同时，共享出行、车联网、物联网等平台加快发展，以大数据、云计算和5G为代表的新一代信息与通信技术（Information and Communications Technology，ICT）将对物流系统进行全面优化，提高城市交通管理效率，支持更多人使用共享交通工具出行，以提高交通运输系统的服务品质和运行效率。

因此，在对未来交通运输部门的消费进行预测时，一方面，要充分考虑交通工具结构变化对能源消费品种和数量的影响，改变传统上交通运输难以摆脱油品消费困局的思维；另一方面，要充分考虑交通运输工具电气化、交通运输系统智能化所需的电力消费增长，为未来交通运输电力消费增长留出足够空间。

（四）综合能源服务成为新模式、新业态

未来的能源系统将打破煤、油、气、电、热等“独立运行、各成体系”的传统能源供应模式，综合能源服务公司既负责能源供应，也负责能源需求和能源负荷的调整。新城镇、新工业园区、新建大型公用设施（机场、车站、医院、学校等）、商务区和海岛地区等区域对电力、热力、制冷、天然气、压缩空气等多个终端能源品种的新增用能需求，可以通过统筹优化区域多能互补系统和多种负荷特性，实现多种能源需求的同时满足和交叉互补，以提高能源效率和能源安全保障水平。

能源服务公司将采用“以客户为中心”的服务模式，整合能源供需两侧的需求，整合多能源品种，整合能源项目的规划论证、设计咨询、工程建设、运行维护、投融资等多个环节，采取“一站式”的服务和人性化的服务方式，为客户提供更方便、更经济、更清洁、更安全的综合能源服务。

因此，在研究未来能源消费升级模式时，必须要把能源消费服务的模式转变考虑在内，从推动综合能源服务的视角出发，实施能源体制机制改革，打通制约能源消费升级的制度和政策瓶颈，为推动能源可持续发展提供新的思路。

（五）重点地区率先推进煤炭替代和清洁能源消费升级

在研究重点地区能源消费升级时，针对不同地区，要因地制宜推进当地能源的清洁化，制定具有当地特色的煤炭深度减量化和能源清洁替代方案。

沿海发达地区要改变以依靠“北煤南运”“西电东送”为主的传统思路，在满足新增能源消费需求时更多依靠当地的可再生能源和国外进口的清洁能源。西部水电、风电、太阳能资源丰富地区，要把大幅提高当地可再生能源消费比例作为突破口，率先打造清洁能源示范地区。

因此，在研究未来能源消费升级模式时，必须要结合当地资源特色进一步推动能源结构优化，为营造“天蓝、地绿、水清”的优美环境提供支撑，为满足人民美好生活需要提供更高品质的能源服务。

四、主要结论

（一）“十四五”时期要把能源消费结构优化放在突出地位

长期以来，为了应对能源消费的持续快速增长问题，我国一直把保障能源供应放在能源发展的首位，对能源结构的优化重视不够。近年来，随着环境污染问题越来越突出，以及应对气候变化的压力越来越大，能源结构优化在降低环境污染、实现碧水蓝天和减缓温室气体排放中的地位越来越突出。与此同时，能源需求增幅减缓，保障能源供应的压力明显下降。我国能源发展的主次矛盾已经发生了根本性、长期性的变化。从“十四五”时期开始，能源是否绿色发展将上升为我国能源发展的主要矛盾，是否能保障供应将下降为我国能源发展的次要矛盾。面向2035年基本建成社会主义现代化国家、美丽中国基本实现的战略目标，“十四五”时期的能源发展必须要把能源消费结构优化放在更加突出的位置，要在能源消费侧一手抓好节能增效、一手抓好能源消费结构优化，通过“高效用能”和“用好绿能”双管齐下，推动我国能源体系向更清洁、更低碳、更经济、更安全、更可持续的方向迈进。

（二）煤炭消费比重下降、清洁电力和天然气比重上升是大势所趋

从近几年和未来一段时间能源消费升级的分析可以看出，煤炭比重下降将是“十四五”时期和未来中长期能源发展的大势所趋。当然，煤炭比重下降并不一定意味着煤炭消费总量大幅下降，但煤炭的利用必须要满足越来越严格的环境污染物排放要求甚至二氧化碳排放要求，才能获得更可持续的发展。以水电、风电、光伏发电为代表的非化石能源和天然气将在我国能源结构中扮演越来越重要的角色。要推动社会各界在能源绿色低碳发展上形成共识，保障能源绿色发展顺利前行。

（三）通过深化改革和科技创新推广绿色能源新技术、新模式、新业态

非化石能源等绿色能源在终端消费部门能够实现大规模应用，必须过好两道关：第一道关是技术关。非化石能源在终端部门得以应用，必须强化电网互联互通和安全保障能力，提高电网优化调控能力，增加储电、储热甚至储氢等储能设施，妥善解决好其间歇性、波动性、难预测、难驾驭等技术问题。第二道关是成本关。风电、光伏发电、天然气的价格目前仍然偏高，未来必须通过深化改革解决发电用电成本偏高的经济性问题，还要通过协调终端用能各部门解决跨领域协调难度大的机制体制问题。能源绿色发展不是一蹴而就的，必须伴随着深化改革和科技创新，才能实现绿色能源的新技术、新模式、新业态在工业、建筑、交通等终端用能部门落地生根、蓬勃发展。

（四）充分调动地方政府推动能源消费结构优化的积极性

地方政府在推动环境污染治理方面肩负着重要的责任。能源结构优化

是解决环境污染的重要手段，也是中长期实现低碳发展的重要途径。能源消费结构的调整不仅仅与能源供应有关，更与经济结构调整、产业结构调整、能源效率提高紧密相关。必须进一步明确政府在推动环境污染治理和能源绿色发展方面的责任，充分运用市场手段、法制手段、行政手段和技术手段推动能源消费向“绿色、安全、经济”方向发展。对于条件比较好的地区，要打造出一批“能源革命示范区”，为探索“绿色、安全、经济”的能源高质量发展新模式提供范本。

参考文献

[1] 国家统计局．中国统计年鉴 2018 [M]．北京：中国统计出版社，2019.

[2] 国家发展改革委，国家能源局．电力发展“十三五”规划 [Z]. 2017-06-05.

[3] 国务院．国务院关于印发大气污染防治行动计划的通知 [Z]. 2013-09-10.

[4] 国务院．打赢蓝天保卫战三年行动计划 [Z]. 2018-07-07.

[5] 国家发展改革委能源研究所课题组．能源生产和消费革命战略研究 [R]. 2016.

[6] 中国气象局气候变化中心．中国气候变化蓝皮书（2019）[R]. 2019.

[7] 王蕴，肖潇，姜雪．2019 年上半年消费形势分析与展望 [J]. 中国物价，2019（7）：20-22.

[8] 仲云云．中国省际能源消费碳排放的区域差异与时空演变特征 [J]. 生态经济，2018，34（4）：30-33.

[9] 赵青．消费升级新动力 [J]. 法人，2019（7）：30-33.

[10] 蔚京．消费升级注入市场新活力转型升级发掘家电业新动力

[J]. 现代家电，2016（3）：54-56.

[11] 徐绍史. 积极发挥新消费引领作用　加快培育形成新供给新动力 [J]. 中国经贸导刊，2015（36）：18-20.

[12] 李俊峰. 能源消费升级与发展转型 [J]. 科学与管理，2018，38（1）：44-46.

[13] 张锐. 中国农村能源消费的结构升级路径研究 [D]. 上海：上海交通大学，2017.

[14] 刘静. 我国农户生活能源消费升级研究 [J]. 甘肃农业，2014（3）：14-16.

[15] 俞薇. 消费升级背景下居民低碳消费模式选择研究 [J]. 商业时代，2012（28）：20-21.

[16] 徐顽强，李华君. 能源开发　基建扩张　产业转移　消费升级：中部崛起提供的投资机会 [J]. 潮商，2006（1）：68-71.

[17] 展秀萍. 中国能源消费强度的区域差异研究 [J]. 智库时代，2019（32）：25+28.

[18] 吕明元，陈磊，王洪刚. 产业结构生态化演进对能源消费结构影响的区域比较：基于京津冀地区与长三角地区的实证研究 [J]. 天津商业大学学报，2018，38（3）：9-19.

[19] 李旭洋，李通屏，邹伟进. 互联网推动居民家庭消费升级了吗？——基于中国微观调查数据的研究 [J]. 中国地质大学学报（社会科学版），2019，19（4）：145-160.

第二章

"十四五"时期和中长期能源转型情景分析

党的十九大报告提出，2035 年基本实现社会主义现代化，到 21 世纪中叶把我国建成富强民主文明和谐美丽的社会主义现代化强国。本章借助模型工具，系统分析了驱动能源发展转型的主要因素和边界条件，设计和模拟了深化推进生态文明建设和能源革命的“既定政策情景”，以及实现《巴黎协定》应对气候变化承诺的“绿色低碳情景”，分析了我国“十四五”时期和中长期转型的情景和路径，测算了能源电力需求与供给的规模、增速、强度、结构等主要指标，判研了我国未来能源生产和消费的变化趋势和特征，为合理制定我国能源发展转型目标、路径和重大任务提供参考。

一、新时代的能源转型要求

（一）社会主义建设的新时代和新征程

改革开放初期，我国提出了“两个一百年”的奋斗目标。经过 40 多年的努力，中国特色社会主义建设取得了一系列历史性成就，实现了历史性变革，经济实力、科技实力、综合国力进入世界前列。经济实力跃上新台阶。2018 年，我国国内生产总值（Gross Domestic Product，GDP）增加到 90 万亿元，服务业比重上升到 52%，成为经济增长的主动力；常住人口城镇化率达到 59.6%，形成世界上人口最多的中等收入群体；创新能力提升，“互联网+”广泛融入各行各业，大数据、云计算、物联网广泛应用，先进制造业加快发展，新兴产业蓬勃发展，传统产业深刻重塑。快速崛起的新动能正在重塑经济增长格局、深刻改变生产生活方式。这些历史性成就和历史性变革，把中国特色社会主义带入了一个新时代。

我国社会主要矛盾已经转化为人民日益增长的美好生活需要和不平衡不充分的发展之间的矛盾。2020 年我国全面建成小康社会后，人民美好生活需要日益广泛，不仅对物质文化生活提出了更高要求，而且对环境等方面的要求日益增长。随着社会生产能力达到世界先进水平，发展不平衡不充分问题更加突出，这已经成为满足人民日益增长的美好生活需要的主要制约因素。我国社会主要矛盾的变化是关系全局的历史性变化，今后要在继续推动发展的基础上，重点解决好发展不平衡不充分问题，大力提升发展质量和效益，更好地满足人民在经济、政治、文化、社会、生态等方面日益增长的需要，更好地推动人的全面发展、社会全面进步。

党的十九大报告指出，我国将决胜全面建成小康社会，开启全面建设社会主义现代化国家新征程。要紧扣我国社会主要矛盾变化，统筹推进“五位一体”战略，突出抓重点、补短板、强弱项，2020 年前要坚决打好污染防治等攻坚战，2020—2035 年基本实现社会主义现代化，跻身创新型国家前列，各方面制度更加完善，国家治理体系和治理能力现代化基本实现；生态环境根本好转，美丽中国目标基本实现。从 2035 年到 21 世纪中叶，建成富强民主文明和谐美丽的社会主义现代化强国，物质文明、政治文明、精神文明、社会文明、生态文明将全面提升。

（二）“十四五”时期和中长期能源转型要求

在过去的 30 多年里，快速工业化是国民经济发展的主要动力源泉，我国的工业经济支撑了基础设施、建筑和城市建设，为我国国民经济发展、城镇化进程加快和人民生活质量的改善做出了重大贡献。工业的飞速发展也导致了能源消费激增。目前，我国已成为全球第二大经济体，新型工业化、持续城镇化进程以及城市中产阶层的形成，对未来能源消费形式的变革提出了挑战：工业经济逐步向服务型经济转型，电气化与清洁能源的需求逐步增长；家庭汽车开始普及，增加了对交通能源的需求；随着人口逐渐从农村向城市转移，先进能源服务如集中供热和供冷被大量使用；此外，我国与农业、建筑业相关的能源消耗也将出现增长。

发达国家的能源发展历程表明，能源需求随着工业化、城镇化发展呈现增长趋势，在基本完成工业化、城镇化后达到能源消费峰值，能源消费强度也普遍呈现先升后降的趋势。如今我国处于工业化、城镇化中后期阶段，经济增长方式已经开始发生重大改变，能源消费方式也在改变，各类行业技术正在加速向世界一流技术靠拢，能源使用效率逐渐提高。尽管能源需求还处于增长阶段，但是能源消费强度已经开始下降，在加大能源供给压力的同时也带来了新的机遇。

今后能源工作的重点也要相应地从整体提高能源供应能力转化为解决能源领域发展不平衡不充分的矛盾。近中期要贯彻党的十九大报告“深化供给侧结构性改革”的要求，坚持煤炭煤电领域去产能，推动降成本，基础设施和放管服领域补短板，优化存量资源配置，减少弃水弃风弃光，扩大优质增量清洁能源供给，实现供需动态平衡。从长期来看，要持续壮大清洁能源产业，推进能源生产和消费革命，构建清洁低碳、安全高效的能源体系。

因此，2035 年前我国终端能源需求和消费方式将持续增长和升级。我国能源发展既要整体提高能源供应能力从而满足经济社会发展对能源的需求，也要大力调整终端和一次能源结构、实现高质量发展，解决能源发展不平衡不充分的矛盾。

本部分将分析能源情景的重点因素和边界条件，提出我国能源发展的中长期情景，并对模型结果进行分析，分析预测中长期全社会和人均能源电力需求的规模、增速、结构等主要指标，研究未来能源消费变化趋势和特征，为制定合理有效的指导我国能源转型的目标、明晰我国能源发展路径提供支撑。

二、能源系统分析方法

本部分通过对国内外能源模型的研究，建立适合我国能源特点的能源系统分析模型方法，测算全国中长期分部门、分种类的能源消费和分品种能源供应情况。根据资源布局、利用成本、环境约束，建立我国电力综合优化部署模型体系，对电力系统进行系统模拟分析，研究我国中长期电力系统发展情况。本书按照 2020 年 15%和 2030 年 20%非化石能源消费比重的底线，以及 2035 年基本实现社会主义现代化、2050 年全面建成社会主义现代化强国目标导向机制，设定能源系统情景。

（一）总体框架

模型分析系统平台如图 2-1 所示。

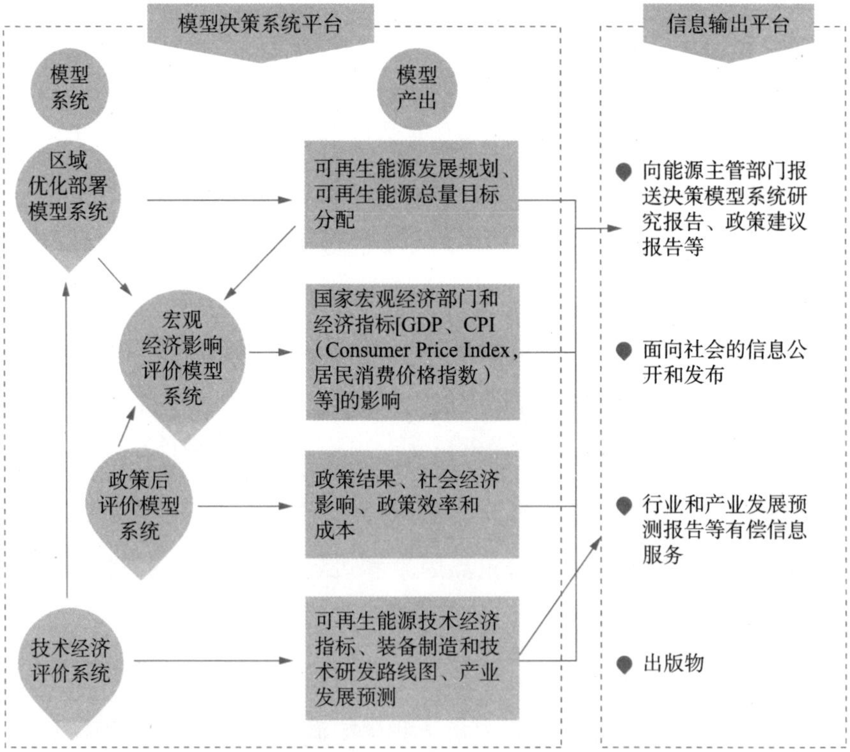

图 2-1　模型分析系统平台

实施能源转型、保护生态环境、应对气候变化已成为国际社会的普遍共识和一致行动。在此大背景下，通过建立能源中长期发展情景以反映未来的能源生产和消费结构变化以及能源转型路径，成为协助世界各国合作组织、政府部门、企业进行战略决策的重要手段和实施有效的能源转型行动的指南针。为此，我们建立了能源模型决策系统平台，基于全社会效益最大化的标准，并结合技术经济评价、能源系统优化、政策措施及社会经济评价、能源外部性分析和系统理论等方法进行综合决策分析。该模型工具主要由电力和区域供热优化（Electricity and District Heating Optimization，EDO）模型、终端能源需求分析模型（CREAM-Demand）以及用于能源发展经济社会评价的可计算一般均衡模型（Computable General Equilibrium，CGE）三者构成。研究将首先基于宏观经济发展增速和环境约束，通过终端能源需求分析模型（见图 2-2）研究得到能源需求总量及分部门、分品种需求量；其次结合可再生能源资源及产业基础等约束，对电力系统发展

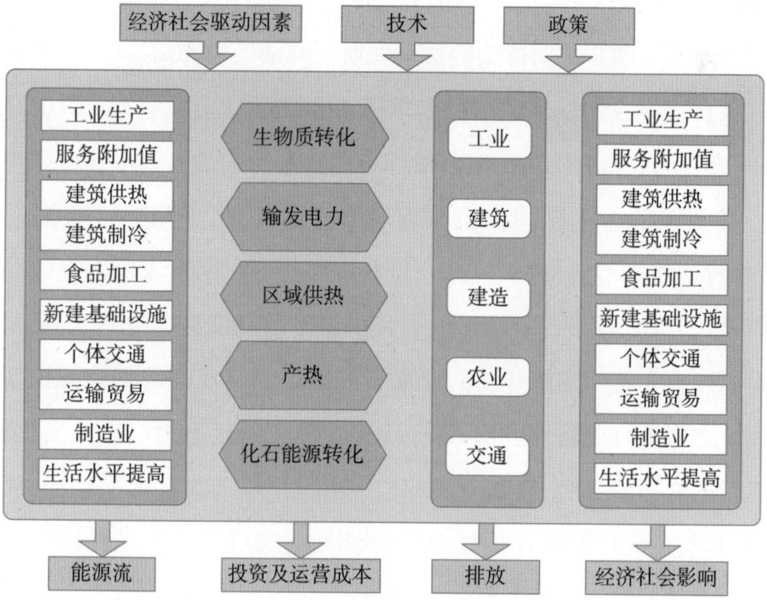

图 2-2　终端能源需求分析模型框架

路径和并网输电消纳进行模拟分析和优化，分析优化电力结构和布局的总体方案，重点提出可再生能源电力的布局方案；再次利用能源发展经济社会评价模型分析得到可再生能源发展对部门经济、产业拉动、提高就业等方面的促进作用；最后通过模型研究结果，提出我国2050年可再生能源发展规模目标、重点方向、布局方案以及发展战略体系。

我国能源需求研究主要采用情景倒逼分析、自下而上定量预测、调研和研讨会等方法。主要依据情景设计，通过建立对未来经济社会人口的预测，据此提出相应的能源需求，根据碳排放总量和强度要求，设计合理的能源结构，通过模型分析等定量分析方式确定未来能源结构和发展路径。

基于情景的趋势和倒逼分析：研究将以目前能源体系和政策框架作为研究基点的展望式方法，与根据2050年预期社会经济发展目标、分析需要采取何种措施路径确保目标实现的倒逼回溯式研究方法相结合，分析我国能源体系未来的发展趋势。两种方法的结合，在深入分析能源体系长期发展愿景的同时，也能兼顾持续健康发展所面临的短期障碍。

对以上情景的分析是建立在国家可再生能源中心（China National Renewable Energy Centre，CNREC）的综合建模平台上的。该平台由三个模型组成：基于Balmorel软件的电力和区域供热优化（EDO）模型、基于LEAP软件的终端能源模型（END-USE）和基于国家投入产出表的经济模型（CGE）。EDO模型是省级电力和集中供热系统模型。END-USE采用自下而上的建模方法，推演并预估未来不同部门和行业的终端能源消费。模型各模块之间具有关联性，用EDO优化计算可满足电力需求的发电结构，其他部门的能源转换则在END-USE中进行处理。CGE模型使用EDO和END-USE模型的结果来评估能源系统转型对宏观经济和结构的影响，其中包括对就业的影响以及对环境的影响。

（二）终端能源需求分析模型

自下而上模型分析：利用现有统计和预测数据，对人口、城镇化进程，以及工商业、建筑、交通和农业等各部门中不同技术转换、能源产品生产和终端用能特性进行分析，推演并预估能源消费终端中消耗的能源类型、消费方式、能源效率和年活动水平等的变化趋势，同时根据发展需求设置不同情景，据此分析预测2050年前的终端能源需求规模和结构。自下而上的分部门能源消费预测如图2-3所示。

自下而上的分部门能源消费预测需要基于大量的统计数据以及预测性数据，这些数据主要来源于《中国统计年鉴》《中国能源统计年鉴》数据、主要行业研究机构和领先国家相关预测数据。其中，经济社会预测模型将采用政府或大型国际组织的预测数据；能效等技术数据着眼于相应领域的国际领先水平。

（三）电力系统优化部署模型

我国能源系统的绿色高质量发展在很大程度上取决于终端能源系统电气化水平和可再生能源电力的比重，其中电力系统顶层部署将是我国能源转型的关键。

基于对2018—2050年总体能源发展的判断，以及对风电、光伏等主要类型可再生能源发电的技术经济性、资源条件、配套电网优化运行、环境影响等的分析，参考我国现有规划政策和目标，借助EDO模型对我国未来电源结构以及电力流向的发展目标和布局进行分析。

通过利用EDO模型模拟目标年小时级电力系统运行情况，以及假设2018—2050年电力生产、运输和使用方式，分析在既定政策情景和绿色低碳情景下我国电力系统的发展路径。同时，根据不同地区各自情景下的电源组合和发展特点，研究相关电网、储能、需求响应等发展情况。此外，EDO模型还借助区域供热系统分析工具，研究可再生能源电力接入后系统总成本最低的发电和区域供热模式，分析提高可再生能源电力接纳的方法，实现全社会电力系统最低经济投入。

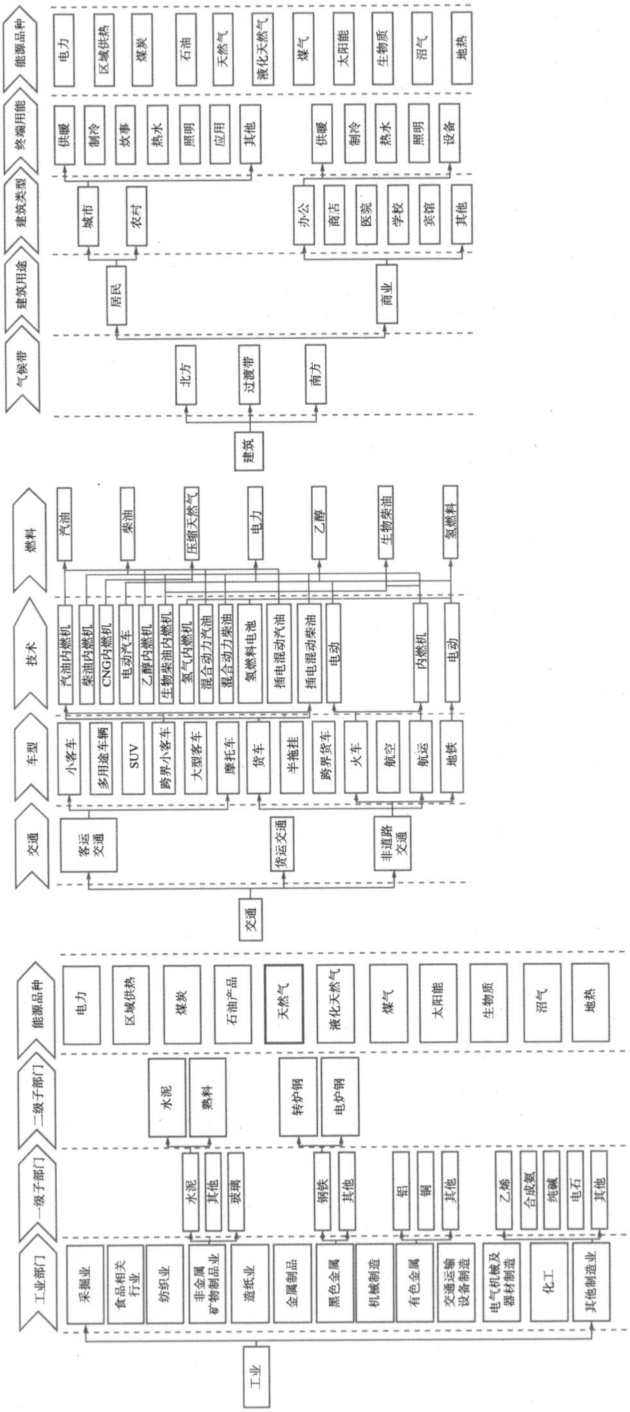

图2-3 自下而上的分部门能源消费预测

注：SUV为Sport Utility Vehicle的英文缩写，中文译为城郊多用途汽车；CNG为Compressed Natural Gas的英文缩写，中文译为压缩天然气。

EDO 模型以系统投资和运行的综合最小成本为目标函数，以电源技术和经济特性、燃料和资源、电力和热力负荷以及增长预测、电力传输容量、国家（地方）的税收和补贴政策参数等作为基本数据输入，加以电力和热力平衡以及系统运行特性等模型边界条件，由此确定电力和区域供热系统未来电源、热源的规划和电力系统输电容量的扩充，由此确定未来电力和区域供热系统的电源与热源规模和电力输送规模。模型中，根据电源特性的差异，设计了 50 余种差异化的电源技术，并根据地区性差异，对同一技术类型的发电效率和经济性参数进行了细分。EDO 模型逻辑框架如图 2-4 所示。

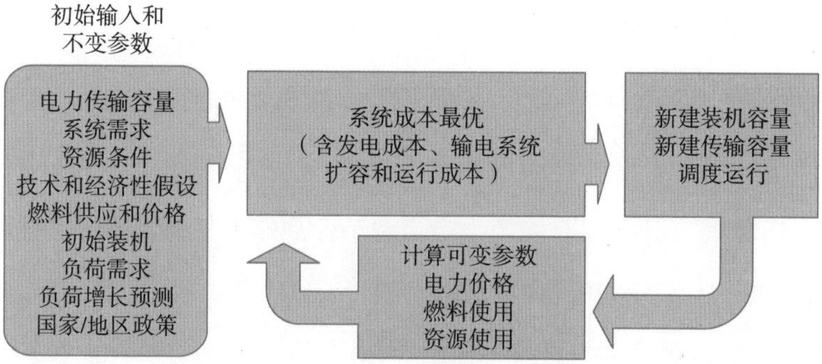

图 2-4　EDO 模型逻辑框架

EDO 模型覆盖了我国 31 个省（区、市）。根据实际电网架构，内蒙古电网被分为东西两部分，因此在 EDO 模型中共创建了 32 个不同的地理区域。依据电力传输和供热特点确定各类技术的工作区域，在每一区域内，模型分别计算发电和区域供热机组的发电量、供热量以及各区域之间电力传输。模型对这些活动相关的燃料消耗、排放及该系统运营的经济成本进行了计算。由于电力的生产和消费需要在同一时间完成，因此在每个时间的步长上，必须在系统中的每一点上维持电力平衡。时间分辨率则可以在模型运行中根据需要自行设定，最低可以维持在小时级水平上。在电力市场改革尚未完全完成的阶段，通过设定调度运行约束以反映当前实际采用的调度规则，如传统机组的年度满负荷运行小时数，省间电力传输计划等。依据输入数据，EDO 针对每年情况进行如下计算：

经济调度优化和机组启停组合：优化决策每一机组的最优运行水平；满足电网中每一区域以及每一时间的电力、热力需求；优化运行受限于电网约束、电力系统运行技术约束及其他约束条件。

容量拓展：一方面，模型可以内生确定各类技术容量；另一方面，可使用 EDO 模型在满足外生系统电力和热力需求以及污染物排放的限额等条件下，在发电、电力传输和储能方面进行投资及容量拓展。

三、情景设定

统筹国际国内两个大局，贯彻能源生产和消费革命战略，共同履行《巴黎协定》，通过展望和倒逼相结合的方式进行情景设计和目标设定。“既定政策情景”分析现有能源生产消费革命战略的实施路径，“绿色低碳情景”则进一步探究为履行《巴黎协定》义务、努力实现 2℃温升控制目标，我国未来需要采取的更有力措施。

（一）经济产业和社会发展

我国的发展目标是：2035 年基本实现社会主义现代化，到 21 世纪中叶建成社会主义现代化强国。目前，我国已成为全球第二大经济体，但仍处于跨越“中等收入陷阱”的关键阶段，人均能源消费水平、清洁能源比重、能源利用效率相比发达国家还有很大差距，未来能源需求增长的动力仍然比较强劲。

到 2035 年之前，我国总体处于工业化、城镇化中后期阶段，将拥有全球规模最大的制造业、服务业和中产阶级群体，经济增长方式将发生重大改变，对生态环境质量要求也不断提高，对未来能源消费形式的变革提出了挑战：工业经济逐步向服务型经济转型，清洁能源需求和电气化水平将逐步提高；家庭汽车在城乡普及，快速增加交通能源需求；人口逐渐从农村向城市群和都市圈转移，先进高效能源服务将被大量使用；我国在与农业、建筑业相关的能源消耗中也将出现增长或结构调整。2018—2035 年经济社会发展预测见表 2-1。

表 2-1　2018—2035 年经济社会发展预测

主要假设	2018 年	2020 年	2025 年	2030 年	2035 年
人口/亿人	13.95	14.33	14.49	14.53	14.70
城市化率/%	60	61	66	70	72
年均增速/%	—	6.5	6.0	5.6	4.8
国内生产总值/亿元	900000	1020000	1364990	1792458	2265977
人均 GDP/美元	9214	10375	13663	17660	22598

未来，随着城镇化进一步推进，建筑部门终端优质能源服务需求将持续增加。通过建筑节能和发展被动式建筑，强化公共建筑在能效方面的引领作用，建筑终端用能结构将实现去煤化，其供能主力为电力和集中供热。预计到 2035 年，全国建筑能耗达到峰值，约为目前水平的 1.26 倍，之后进入平台期。2018—2035 年建筑面积及供暖需求见表 2-2。

表 2-2　2018—2035 年建筑面积及供暖需求

项　目			2018 年	2020 年	2025 年	2030 年	2035 年
建筑面积/10 亿平方米		公共建筑	12.860	14.030	16.440	18.350	19.810
		城镇居民	20.219	22.048	27.129	32.986	37.387
		农村居民	16.965	17.047	17.027	16.649	16.837
		合计	50.044	53.125	60.596	67.985	74.034
供热强度/（千瓦·时/米^2）	城市居民	南方地区	5	6	10	14	13
		过渡区域	35	35	34	34	35
		北方地区	118	110	94	82	73
	农村居民	南方地区	2	4	7	9	11
		过渡区域	25	28	33	36	36
		北方地区	46	50	59	63	61

随着工业经济驱动力和增长模式的转变，我国的重工业将进入平台期和下降期，部分重工业产能产量会逐步降低（见图2-5），增长点将主要是“低能耗、高附加值”的生产型服务业以及先进制造业，产业结构将呈现服务化、轻型化和高端化发展的态势。预计到2030年，我国工业能效将达到经济合作与发展组织国家的水平。

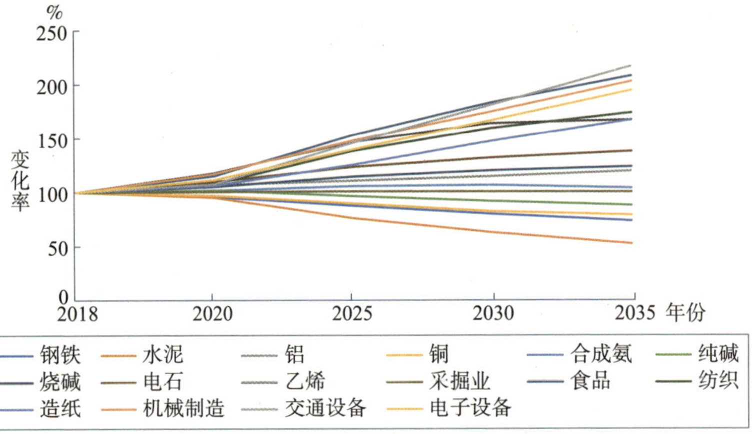

图2-5　2018—2035年主要工业产品或增加值变化

未来交通领域的能源服务需求将保持增长，车辆保有量将在2035年达到顶峰，汽车保有量将上升至欧盟现在的水平，电动汽车和氢燃料汽车将占汽车保有量的40%。公共交通特别是地铁、高铁的比例将在2035年前保持增长（见表2-3）。

表2-3　2018—2035年交通运输需求预测

项　目		2018年	2020年	2025年	2030年	2035年
公路	乘用车保有量/（辆/百人）	15	17	19	22	25
	货车保有量/（辆/百人）	1.862	2.096	2.638	2.955	3.109
铁路	旅客周转量/（亿人·千米）	—	16368	20909	25450	29851
	货物吞吐量/（亿吨·千米）	28021	32444	44508	56572	66774
航空	旅客周转量/（亿人·千米）	10414	12376	15470	18564	21348
	货物吞吐量/（亿吨·千米）	255	263	276	289	303

续表

项 目		2018 年	2020 年	2025 年	2030 年	2035 年
水运	旅客周转量/（亿人·千米）	77	80	94	108	112
	货物吞吐量/（亿吨·千米）	45817	53269	70098	86926	97472

（二）资源环境和应对气候变化

能源转型不仅需要考虑能源资源条件，做好生态环境保护，也需要考虑碳排放国际承诺目标（见表 2-4）。我国拥有丰富的煤炭资源，油气将长期依靠国内和国际两种资源，未来需要大幅开发本土水能、风能、太阳能和生物质资源。随着能源领域散煤治理、电厂和机动车排放标准提升，应对气候变化成为我国生态环境保护面临的主要挑战。

表 2-4 资源条件、环境保护和碳排放假设

资源条件	项 目	既定政策情景	绿色低碳情景
依据社会影响和政治决策等众多因素，不考虑内陆建设核电站，近期核电开发量将达到 0.6 亿千瓦，远期将达到 1.2 亿千瓦； 近期水电的开发量将达到 3.4 亿千瓦，远期可达到 5.3 亿千瓦； 陆上风电可开发量为 49 亿千瓦，海上风电可达到 22 亿千瓦； 集中式光伏发电可开发量达到 25 亿千瓦，分布式光伏可开发量超过 20 亿千瓦； 生物质发电近期可开发量达到 5514 拍焦，远期将达到 8295 拍焦	碳排放约束	基于现在的经济形势和宏观政策发展走向，以 2005 年为基准年，到 2020 年和 2030 年碳强度分别下降 40%~45%和 60%~65%	基于政府间气候变化专门委员会（Intergovernmental Panel on Climate Change，IPCC）数据库的模拟结果设定的碳排放限额，有 66%的置信率能够将温升幅度控制在 2℃升温以下
		电力部门的二氧化碳价格从 2020 年的每吨 50 元上升到 2030 年的每吨 100 元	到 2030 年电力行业的二氧化碳排放成本将增加到每吨 160~180 元

（三）技术产业升级和成本变化

针对终端能源消费和电力系统，表 2-5 和表 2-6 列出了主要的技术措施和成本变化情况。

表 2-5 不同情景的主要技术措施

主要技术措施	2018 年	2020 年	2025 年	2030 年	2035 年
（1）既定政策情景					
电炉钢占比/%	13	14.412	17.941	21.471	25
氢气合成氨占比/%	0	0	5	10	17.5
再生铝占比/%	18	18	24	30	35
乘用车中新能源车销售占比/%	5.8	8.1	28.5	50.8	66
货车中新能源车销售占比/%	2.2	10	25	48	77.1
（2）绿色低碳情景					
电炉钢占比/%	13	14.412	17.941	21.471	25
氢气合成氨占比/%	0	0	12.5	25	30
再生铝占比/%	18	18	25.5	33	39.5
乘用车中新能源车销售占比/%	5.8	8.1	39.5	71.1	100
货车中新能源车销售占比/%	2.2	10	23	45	69

表 2-6 不同情景中 EDO 模型边界条件及主要指标

项　目	既定政策情景	绿色低碳情景
发电成本	可再生能源的成本优势将逐渐凸显，这也是其规模化发展并逐渐取代化石能源的内生动力。随着未来太阳能和陆上风能的成本下降，而化石能源成本由于排放和燃料成本上升而上升，预计可再生能源技术成本在短期内可实现与煤电成本平价。长期来看，风能和太阳能光伏与煤电等化石能源电源相比具有更优经济性	
	陆上风电 2035 年单位初始投资成本（包括机组、建设、税费等）下降至 6300 元/千瓦；海上风电 2035 年单位初始投资成本下降至 9200 元/千瓦；光伏发电 2035 年初始投资成本下降至 3000 元/千瓦	

（四）电力系统发展和市场建设

针对电力系统运行特点、电力系统供需两侧灵活性资源、电力市场建设需求做了设定，电力系统发展和市场建设见表 2-7。

表 2-7 电力系统发展和市场建设

项 目		既定政策情景	绿色低碳情景
电力系统		基于省间电力系统拓扑和输电容量限制的电力电量平衡（投资模型以年为节点，运行模型以小时为节点）	
发电机组		电源发电特性、热电联产机组发电供热特性（典型单机容量和热电比）等	电源发电特性、热电联产机组发电供热特性（典型单机容量和热电比）等
需求响应		假设到 2030 年，在电力市场基础上需求响应技术开始得到广泛应用，20% 的工业电力负荷提供灵活性调节资源	假设到 2035 年，工业用电需求响应提供灵活性调节资源的比例达到 30%，约有 30%的电动汽车提供有序充电服务进行需求响应
电力市场	发电权计划	机组最低年度满负荷小时数线性下降，直到 2025 年降至 0	
	竞争性电力市场	在 2020 年之前，省级市场试点建成运行；2022 年开始出现跨省	
	统一电力市场	2035 年形成基于区域电网的区域电力市场	

四、我国能源转型情景结果分析与比较

（一）总体情况

从情景分析上看（见表 2-8），在支撑我国经济增速“十四五”时期保持 6%的同时，可实现能源结构显著调整，2025 年全国一次能源消费总量为 54.8 亿~56.6 亿吨标准煤，化石能源消费总量控制在 39.7 亿~43.4 亿吨标准煤，煤炭消费量控制在 35.0 亿~37.8 亿吨，CO_2 排放在 2025 年达到峰值，确保实现我国在 2030 年左右达到峰值的承诺，并力争提前达到峰值。到 2035 年，人均 GDP 达到 2 万美元，全国能源消费总量为 57 亿~62 亿吨标准煤，煤炭消费量大幅下降到 13.2 亿~25.9 亿吨，非化石能源消费比重为 41.7%~56.1%。

表 2-8　情景分析结果

指　标	2018 年	2020 年（预期①）	既定政策情景			绿色低碳情景		
			2025 年	2030 年	2035 年	2025 年	2030 年	2035 年
终端能源消费量/亿吨标准煤	32.3	33.2	34.7	35.2	34.5	34.4	34.8	33.9
农林牧渔业能源消费量/亿吨标准煤	0.7	0.7	0.8	0.8	0.8	0.8	0.8	0.9
建筑业能源消费量/亿吨标准煤	0.7	0.7	0.8	0.9	0.9	0.8	0.9	0.9
工业能源消费量/亿吨标准煤	18.7	18.3	17.9	17.1	16.2	17.8	17.2	16.3
交通运输业能源消费量/亿吨标准煤	5.3	6.0	7.1	7.6	7.8	6.8	6.9	6.8
居民和商业建筑能源消费量/亿吨标准煤	6.9	7.4	8.2	8.8	8.8	8.2	8.9	9.0
电力消费占终端能源消费比重/%	26.0	28.1	34.0	38.8	43.7	35.0	41.3	48.0
一次能源消费总量（发电煤耗法）/亿吨标准煤	46.3	49.4	56.6	59.9	62.4	54.8	56.6	57.3
能源消费量平均增速/%	3.3	3.3	2.8	1.2	0.8	2.3	0.6	0.2
GDP 能源强度/（吨标准煤/万元）	0.51	0.48	0.41	0.33	0.28	0.40	0.32	0.25
五年 GDP 能源强度下降率/%	—	5.91	14.38	19.37	17.61	16.46	21.35	19.95
非化石能源占比/%	14.1	16.9	23.3	32.2	41.7	27.6	40.1	56.1
可再生能源占比/%	12.3	14.6	20.8	29.4	38.7	25.0	37.1	53.0
煤炭占比/%	59.1	55.9	47.7	38.7	29.6	45.6	31.5	16.4
石油占比/%	18.9	18.4	17.7	16.2	14.2	17.7	16.6	14.5
天然气占比/%	7.8	8.9	11.3	12.9	14.5	9.1	11.7	13.0

①这是 2019 年时进行的测算结果，与 2020 年疫情影响下的实际数据有一定差异。

续表

指　标	2018 年	2020 年（预期）	既定政策情景			绿色低碳情景		
			2025 年	2030 年	2035 年	2025 年	2030 年	2035 年
化石能源消费总量/亿吨标准煤	39.8	41.1	43.4	40.6	36.4	39.7	33.9	25.2
煤炭消费量（实物量）/亿吨	38.3	38.6	37.8	32.5	25.9	35.0	25.0	13.2
石油消费量（实物量）/亿吨	6.1	6.4	7.0	6.8	6.2	6.8	6.6	5.8
天然气消费量（实物量）/亿立方米	2721	3300	4800	5800	6800	3770	5000	5600
CO_2 排放总量/亿吨	98.8	101.4	105.0	96.3	83.9	96.7	79.4	55.5

（二）能源消费增长继续放缓

从目前的趋势看，2020 年左右我国进入工业化后期阶段，随后工业高耗能产品产能以及产量都将呈下降趋势，工业领域的能耗增长空间将会部分被建筑和交通等消费领域的能耗增长所填补，因此城镇化还将带动能源消费总量在一段时期内保持增长，但增速将有所回落，直至城镇化水平趋于饱和。

既定政策情景、绿色低碳情景下，2035 年一次能源消费总量将分别达到 62.4 亿吨标准煤、57.3 亿吨标准煤。在绿色低碳情景下，2020—2035 年每 5 年的能源消费总量年均增速由 2.3%逐步下降到 0.6%和 0.2%。既定政策情景和绿色低碳情景两种情景下一次能源消费总量变化如图 2-6 所示。

能源消费增长主要发生在 2035 年前。其中，2020 年前后高耗能产业仍将保持较高的生产水平，城镇化也正快速发展，每年将有近 2000 万人由农村进入城市，各项基础设施建设内含大量能耗；2020—2030 年，为支撑城镇化的继续发展（到 2035 年前城镇化率达到 70%以上），工业部门的高耗能产品产量下降过程相对较为缓慢，而且石油化工等支撑消费领域增长

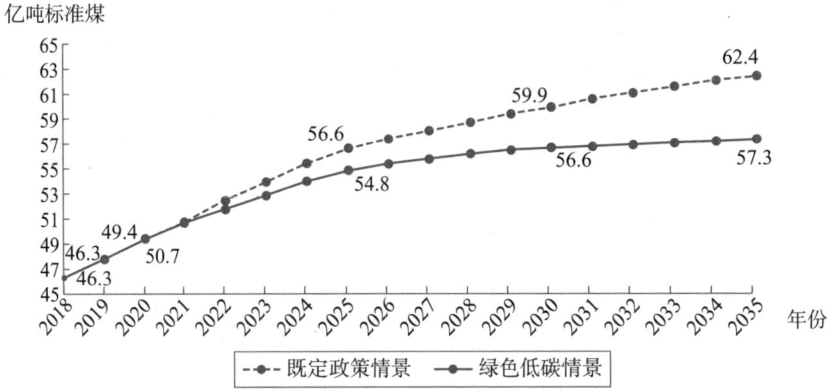

图 2-6　两种情景下一次能源消费总量变化

的产品产量还将进一步提升，工业部门的能源消费整体下降并不明显，与此同时，城镇化仍继续快速推进，规模更为庞大的城镇居民生活改善增量能源消费，以及农村市民化带来的能源消费增长，支撑 2020—2030 年一次能源消费总量继续增长；2030 年后，工业部门主要高耗能产品产量下降速度加快，而城镇化进程也将跨越快速发展阶段，逐步趋于饱和，能源消费进一步上升的空间收窄。这也与发达国家在城镇化趋于饱和、城镇化速度下降时能源消费量进入稳定阶段的基本情况相一致。

（三）能源消费强度持续下降

单位 GDP 能耗持续下降。随着经济发展逐渐步入后工业化阶段，单位 GDP 能源消费强度持续下降是普遍规律。这一方面是由于在后工业化阶段，经济增长的主要驱动产业将逐渐从高能耗强度的工业向低能耗强度的服务业转移，而且工业内部结构也将进一步向高附加值、高科技含量、低能耗的行业和产品优化方向升级；另一方面是由于能源资源相对短缺，在市场化配置机制逐步完善的同时，通过价格作用激励更多节能技术的研发和推广，从而推动了既有产品生产和能源服务的能源消费量的下降。此外，经济全球化推动技术这一生产要素在世界范围内推广普及，节能技术的扩散和产业资源全球配置将带动各国能源产出效率趋同变化。我国目前的产业结构和综合能源产出效率低于发达国家水平，但随着产业结构的逐步优化，服务业在GDP中的比重稳步提升，单位GDP能耗将达到当前发达国家水平（见表2-9）。

表2-9 两种情景下单位GDP能耗 单位：吨标准煤/万元

情 景	2018年	2020年	2025年	2030年	2035年
既定政策情景	0.51	0.48	0.41	0.33	0.28
绿色低碳情景	0.51	0.48	0.40	0.32	0.25

人均一次能源消费量在2030年趋于稳定。我国生育率长期保持较低水平，人口总数相对于能源消费总量变化不大，人均一次能源消费量的变化与一次能源消费总量变化基本一致。到2030年，既定政策情景和绿色低碳情景下人均一次能源消费分别达到4.12吨标准煤和3.90吨标准煤，此后趋于稳定，仍低于当前主要发达国家人均消耗水平（见表2-10）。这也反映了主要发达国家城镇化进程中人均能源消费量变化的一般规律——人均能源消费量在城镇化率趋于饱和时将趋于稳定。从我国城镇化率变化的情况判断，2030年左右将跨越快速增长阶段，即城市和农村的人口双向流动基本均衡，届时工业化也已完成，生产部门和消费部门的能源消费量也将基本稳定，人均能源消费量也将趋于稳定。我国的后发地位一方面使生产领域技术效率得到快速提升，另一方面由于面临资源环境的约束，在引导形成节能低碳的生活消费方式方面具备机遇优势，因此未来我国人均能源消费量将低于当前发达国家水平。

表2-10 两种情景下人均一次能源消费量 单位：吨标准煤

情 景	2018年	2020年	2025年	2030年	2035年
既定政策情景	3.32	3.45	3.91	4.12	4.25
绿色低碳情景	3.32	3.45	3.78	3.90	3.90

（四）能源消费和生产结构持续改善

非化石能源总量持续增长，均超过中国自主贡献承诺目标。两种情景下非化石能源利用总量均持续增长，绿色低碳情景下非化石能源利用量增速更快。从非化石能源所占比重看，各情景下到 2020 年均实现 15% 比例的非化石能源发展目标，达到 16.9%，对化石能源形成有效补充；2030 年既定政策情景、绿色低碳情景中非化石能源所占比例分别达到 32.2%、40.1%，超过中国自主贡献承诺目标 20%，成为主流能源。两种情景下电力消费情况如图 2-7 所示。

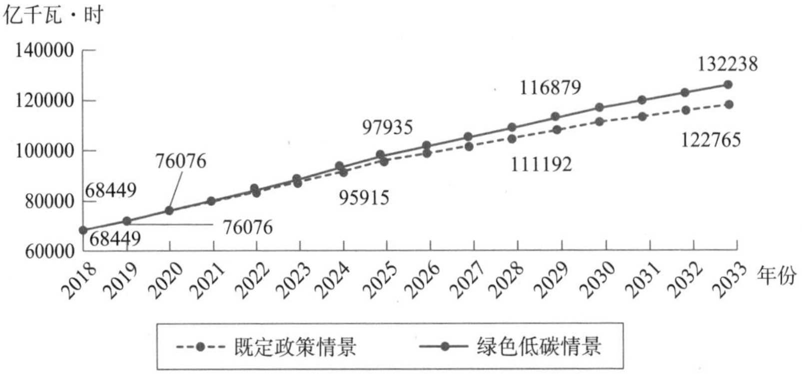

图 2-7 两种情景下电力消费情况

电气化水平提升推动电力消费需求增长。由于电力具有清洁、高效、使用方便、实用性强、易于控制等优势，对其的需求将持续增长。工业和建筑是最主要的电力消费部门，其中家用电器、数据信息中心等电器设备数量增长将带动电力消费增长，与此同时，城市和居民照明、制冷等能源服务需求也将主要依靠电力供应来满足。工业部门用电增长的来源是更多用电工艺流程的推广普及，如熔融还原炼钢、有色金属冶炼等；由于电力易于精确控制，未来高精工业制造过程也将以电作为主要能源；伴随电动汽车的迅速普及，交通部门 2020 年后的用电量占比将迅速提升。

非化石能源发电是非化石能源利用量增长的最主要来源，受可再生能源发电技术成本下降和碳价提高的影响，非化石能源装机占比将在“十四五”期间及 2035 年前后大幅提升。

到 2025 年，在既定政策情景下，预计全国电力总装机 29.4 亿千瓦，煤电装机 10.8 亿千瓦，可再生能源总装机 16.1 亿千瓦，其中风电装机 4.5 亿千瓦、太阳能发电装机 7.3 亿千瓦，可再生能源装机占比为 54.8%。在绿色低碳情景下，化石能源装机占比降低了 4 个百分点，可再生能源装机占比为 59.0%，非化石能源装机占比为 61.2%。

到 2035 年，煤电装机下降，可再生能源装机大幅提升。在既定政策情景下，预计全国电力总装机 44.4 亿千瓦，其中煤电装机 7.1 亿千瓦，可再生能源总装机 33.7 亿千瓦，其中风电装机 13.3 亿千瓦、太阳能发电装机 15.3 亿千瓦（其中光伏装机 15.2 亿千瓦）。风电和光伏将成为我国电力系统的主力电源，二者发电装机均超过煤电装机。非化石能源装机占比为 78.1%，可再生能源装机占比为 76.0%。在绿色低碳情景下，全国电力总装机 56.6 亿千瓦，其中煤电装机 8.0 亿千瓦，非化石能源装机占比为 82.8%，可再生能源装机占比为 81.2%。

全国发电装机规模及结构见表 2-11。

表 2-11　全国发电装机规模及结构　　单位：万千瓦

情景	种类	2018 年	2020 年	2025 年	2030 年	2035 年
既定政策情景	水电	32227	34000	38500	43700	45400
	火电	112587	121200	126000	126500	97000
	核电	4466	5800	7000	8500	9500
	风电	18426	23550	44600	92000	133000
	太阳能	17463	26500	72800	105230	152900
	生物质	1780	3500	5500	5900	6000
绿色低碳情景	水电	32227	34000	38500	43000	45400
	火电	112587	121200	123600	123700	97500
	核电	4466	5800	7000	8500	9000
	风电	18426	23550	62600	120200	181400
	太阳能	17463	26500	80800	140830	218900
	生物质	1780	3500	5600	6200	6400

随着可再生能源发电装机大幅提升，可再生发电量在全部发电量中的比重也显著提升。到2025年，在既定政策情景下，预计全国电源总发电量为95915亿千瓦·时。其中火电发电量为54243亿千瓦·时，占总装机的56.6%，煤电仍为主要电源；非化石能源发电占比在“十四五”期间将大幅提升到43.4%，可再生能源发电占比达到38.3%。在绿色低碳情景下，相较于既定政策情景，虽然化石能源发电装机容量高，但化石能源发电量较低，煤电和天然气发电的功能由提供基荷电量向调节电源转变。届时，非化石能源发电量占比为49.3%，可再生能源发电量占比为44.3%。

到2035年，在既定政策情景下，预计全国总发电量为122765亿千瓦·时，非化石能源发电量占比为67.8%，可再生能源发电量占比为62.4%。其中风电和光伏逐渐成为我国电力系统的主力电源，二者发电量之和超过了煤电发电量。在绿色低碳情景下，全国总发电量为132238亿千瓦·时，非化石能源发电量占比为79.2%，可再生能源发电量占比为74.5%。

全国发电量规模及结构见表2-12。

表2-12　全国发电量规模及结构　　单位：亿千瓦·时

情　景	种　类	2018年	2020年	2025年	2030年	2035年
既定政策情景	水　电	11924	12580	13475	15295	15890
	火　电	47113	49290	54243	50376	39518
	核　电	2944	3770	4900	5950	6650
	风　电	3659	5209	11170	23040	37300
	太阳能	1774	3450	9350	13554	20380
	生物质	1014	1750	2750	2950	3000
绿色低碳情景	水　电	11924	12580	14630	16340	17252
	火　电	47113	49290	49665	43871	27473
	核　电	2944	3770	4900	5950	6300
	风　电	3659	5209	15700	30150	49068
	太阳能	1774	3450	10220	17449	28925
	生物质	1014	1750	2800	3100	3200

（五）煤炭和石油消费将在2025年前先后达峰

化石能源结构逐步优化，天然气消费比重持续提升，煤炭比重持续下降。在治理大气污染和保护生态环境的要求下，天然气将逐步替代煤炭成为化石能源结构优化的重要内容。

1. 煤炭

煤炭消费达到峰值后将逐步下降。由于我国面临的碳排放和生态环境保护压力依然严峻，既定政策情景和绿色低碳情景下煤炭消费量均将在2020年左右达到峰值，峰值消费量均为27.6亿吨标准煤，折合原煤约38.6亿吨（见图2-8）。

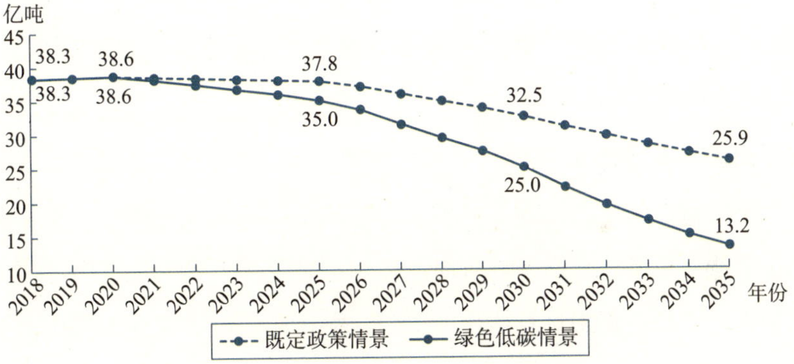

图2-8 两种情景下煤炭消费总量变化

未来煤炭消费仍主要集中在工业终端消费部门和火电部门，建筑部门的煤炭消费占比将逐步下降。交通部门几乎不消费煤炭，而建筑部门煤炭消费主要用于北方采暖和农村炊事热水。随着居民生活水平的提高，居民用能将更多地转向清洁、便捷的电力和天然气，因此居民能源消费量将呈下降趋势。我国煤电发电效率世界领先，已经具备较强的技术设备生产能力，加上我国天然气供应相对短缺，在电力需求不断增加的情况下，煤炭发电仍将占据较高比重。工业部门部分工艺对煤炭仍有一定需求，如炼钢焦炭、煤化工等，并且部分生产对能源品质要求较低，如矿石初加工等，以煤炭作为燃料仍是一个较为经济的选择。总体而言，煤炭的分散利用将被取代，其消费将集中于工业和电力等较大规模利用领域，在这些领域用煤有利于发挥末端污染治理的规模效应，提高煤炭清洁利用水平。

2. *石油*

石油消费总量在短期内仍将增长。在工业和交通部门的驱动下，石油消费量在短期内仍将增长，但由于我国石油资源匮乏，即使考虑页岩油等非常规油气资源，到 2050 年前也仅能维持 2.0 亿吨左右的自产水平。不过我国石油消费在达到峰值后将不断下降，石油对外依存度也将呈现先升后降的趋势。在既定政策情景和绿色低碳情景下，我国石油消费总量均将在 2025 年达到峰值，峰值消费量分别为 7.0 亿吨和 6.8 亿吨，对外依存度将分别为 71.4%和 70.6%；2050 年我国石油消费总量将分别达到 3.9 亿吨和 1.5 亿吨，对外依存度将分别降至 61.7%和 40%。

交通部门占石油消费的比重逐步增长，工业中石油消费占比逐年下降。石油消费增长主要是为了满足人们对机动车辆的使用需求，但随着电动汽车的快速发展，交通领域石油消费也将呈现先升后降的趋势。工业部门石油消费增长主要来自石油化工部门，中长期会由于天然气部分替代而降低，但工业部门整体石油消费将保持一定比重。两种情景下石油消费总量变化如图 2-9 所示。

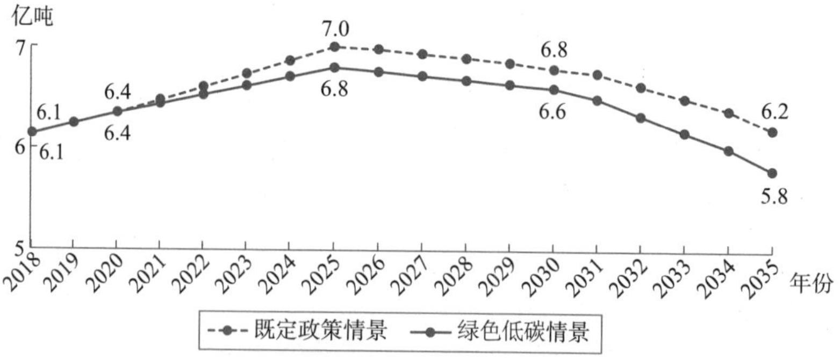

图 2-9　两种情景下石油消费总量变化

（六）天然气消费将在 2035—2040 年达峰

天然气消费量将在 2035 年前持续增长。由于页岩气、煤层气等非常规气勘探开发技术获得突破，全球将进入新一轮的天然气发展黄金期。我国常规天然气有一定的资源基础，非常规天然气资源雄厚，加上境外资源的利用，天然气消费仍将在较长时间内继续增长。在既定政策情景和绿色低碳情景下，我国天然气消费峰值将在 2035—2040 年出现，两种情景下天然气峰值消费总量分别为 7000 亿立方米和 6000 亿立方米；2050 年两种情景下我国天然气消费量分别为 5700 亿立方米和 4060 亿立方米，对外依存度将分别为 38.6%和 18.7%。

建筑部门是天然气最大的消费部门，工业部门消费占比仅次于建筑部门，发电和交通部门消费约占 1/3。城镇家庭炊事和热水、居民采暖天然气消费需求增长贡献最大，工业部门天然气将用于替代小型燃煤锅炉，发展部分天然气化工代替石油，以及用于对热源稳定性和质量较高的工业生产工艺。其中，建筑部门天然气消费量约占天然气供应总量的 40%，工业部门约占 30%。未来分布式天然气发电、天然气调峰电站也将有所发展，天然气发电的灵活性、快速起停等特点将得到发挥，发电用天然气消费会持续小幅增长。两种情景下天然气消费总量变化如图 2-10 所示。

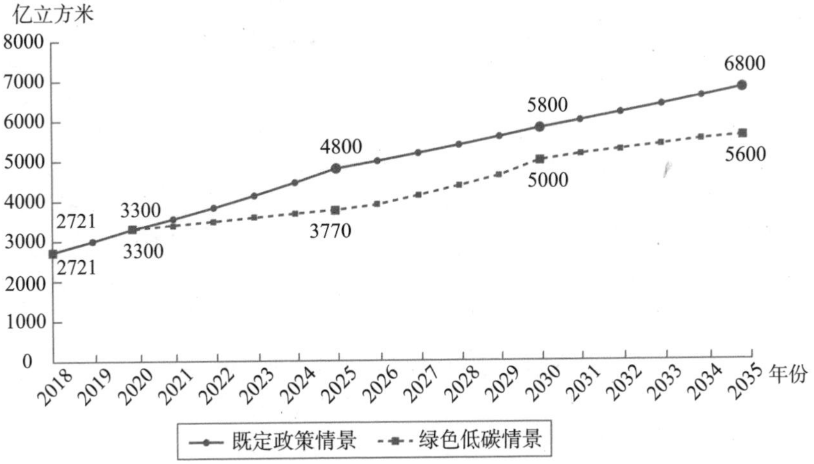

图 2-10 两种情景下天然气消费总量变化

（七）碳排放将在 2030 年前达峰

碳排放量的变化取决于能源结构变化及化石能源消费量的变化。从能源消费总量的变化趋势看，碳排放量近中期仍将较快增长，中远期增速下降趋于稳定，与此同时，能源消费结构也将优化调整。我国已经提出了2020 年非化石能源占一次能源消费达到约 15%的目标，治理大气雾霾要求在 2020 年前化石能源结构调整取得重大进展。能源结构的优化调整将使得碳排放逐步进入平台期。

既定政策情景和绿色低碳情景下碳排放总量变化如图 2-11 所示。碳排放峰值出现的时间和峰值的大小取决于能源消费总量的控制和能源结构优化的水平，在能源资源、生态环境和碳排放约束相对较低时，2025 年前能源消费量的增长较快，能源结构优化速度较慢，因此碳排放峰值出现的时间将更晚，峰值水平也将更高。从两种情景下碳排放总量变化看，既定政策情景下碳排放量将在 2025 年左右达峰，峰值水平约为 105.0 亿吨；绿色低碳情景下碳排放量将在 2020 年左右提前达峰，峰值水平约为 101.4亿吨。

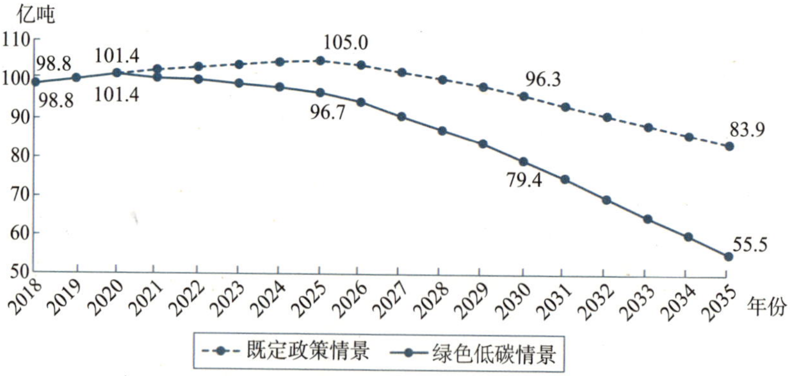

图 2-11　两种情景下碳排放总量变化

高比例可再生能源可以助力 2℃ 温升目标实现。在既定政策情景下，我国 2035 年碳排放总量约为 83.9 亿吨，实现人均碳排放约 5.7 吨；通过高比例可再生能源发展，在绿色低碳情景下，2035 年碳排放总量将有望降至55.5 亿吨，人均碳排放将降至3.8 吨。人均二氧化碳排放见表2-13。

表 2-13 人均二氧化碳排放

单位：吨

情景	2018 年	2020 年	2025 年	2030 年	2035 年
既定政策情景	7.1	7.1	7.2	6.6	5.7
绿色低碳情景	7.1	7.1	6.7	5.5	3.8

参考文献

[1] 国家发展改革委，国家能源局．能源发展“十三五”规划［Z］．2016-12-26.

[2] 国家发展改革委，国家能源局．电力发展“十三五”规划［Z］．2017-06-05.

[3] 国家发展改革委．推动能源生产和消费革命战略（2016—2030）（公开发布稿）［Z］．2016.

[4] 国家统计局能源统计司．中国能源统计年鉴 2000—2002［M］．北京：中国统计出版社，2004.

[5] 国家统计局能源统计司．中国能源统计年鉴 2004［M］．北京：中国统计出版社，2005.

[6] 国家统计局能源统计司．中国能源统计年鉴 2005［M］．北京：中国统计出版社，2006.

[7] 国家统计局能源统计司．中国能源统计年鉴 2006［M］．北京：中国统计出版社，2007.

[8] 国家统计局能源统计司．中国能源统计年鉴 2007［M］．北京：中国统计出版社，2008.

[9] 国家统计局能源统计司．中国能源统计年鉴 2008［M］．北京：

中国统计出版社，2008.

［10］国家统计局能源统计司．中国能源统计年鉴2009［M］．北京：中国统计出版社，2010.

［11］国家统计局能源统计司．中国能源统计年鉴2010［M］．北京：中国统计出版社，2011.

［12］国家统计局能源统计司．中国能源统计年鉴2011［M］．北京：中国统计出版社，2011.

［13］国家统计局能源统计司．中国能源统计年鉴2012［M］．北京：中国统计出版社，2012.

［14］国家统计局能源统计司．中国能源统计年鉴2013［M］．北京：中国统计出版社，2013.

［15］国家统计局能源统计司．中国能源统计年鉴2014［M］．北京：中国统计出版社，2015.

［16］国家统计局能源统计司．中国能源统计年鉴2015［M］．北京：中国统计出版社，2015.

［17］国家统计局能源统计司．中国能源统计年鉴2016［M］．北京：中国统计出版社，2016.

［18］国家统计局能源统计司．中国能源统计年鉴2017［M］．北京：中国统计出版社，2017.

［19］国家统计局能源统计司．中国能源统计年鉴2018［M］．北京：中国统计出版社，2019.

［20］杨伟民．党的十九大报告辅导读本［M］．北京：人民出版社，2017.

［21］国家发展改革委能源研究所课题组．能源生产和消费革命战略研究［R］．2016.

［22］中国气象局气候变化中心．中国气候变化蓝皮书（2019）［R］．2019.

第三章

“十四五”时期我国能源安全的新形势、新挑战和应对策略

能源安全是经济安全的核心，事关国家安全和民生保障，涉及政治、经济、社会和军事等诸多方面。保障能源安全已成为世界各国特别是大国内政和外交的重点。“十四五”时期，我国经济社会发展对能源的依赖程度将持续下降，能源供求压力有所缓解，但伴随着经济高质量发展与建设“美丽中国”的推进，优质能源供给不足的问题会更加突出。我国油气对外依存度仍将持续攀升，我国已面临煤炭必须高效减量使用、高效清洁能源满足不了增长需求的新型能源安全挑战。从国际上看，尽管全球油气资源供应充裕的大环境将会延续，但全球能源格局正出现新的重大变化，不确定性和风险点呈增加态势，国际形势演变给“十四五”时期我国保障能源安全增添了新的变数。可以预见，“十四五”期间乃至未来相当长的时间内，我国能源安全面临的内外部环境将更加错综复杂，困难和问题将更多。我们必须从国家发展和安全的战略高度出发，准确把握世界能源发展大势，深入分析我国能源发展面临的内外矛盾和挑战，对内补齐短板，增强能源安全韧性，对外以“一带一路”倡议为抓手，深化国际能源合作，形成全球能源命运共同体，未雨绸缪、提前布局，多措并举提升能源安全水平，为经济社会发展提供更有力的支撑。

一、能源地缘博弈有增无减，能源安全不确定性增加

近几年，我国能源发展面临的国际形势出现了新的变化，不确定性和风险点呈增加态势。“十四五”期末，一个集“能源生产大国、能源消费大国和能源出口大国”于一身的“新美国”将初见雏形，将对全球地缘政

治格局、大国关系、世界油气市场以及国际能源合作等方面产生新的影响。此外，贸易保护主义、单边主义、孤立主义抬头，世界处于百年未有之大变局，全球化受到前所未有的挑战，给国际能源合作与能源安全保障带来各种不利影响，加大了国外能源利用成本。“十四五”期间，全球油气资源供应宽松的国际环境仍将持续，但能源地缘博弈可能更加激烈，也存在全球油气市场短期高位震荡的风险。

（一）美国对华战略定位新转变，我国对外能源合作战略布局面临新考验

2018 年 3 月，特朗普政府主动挑起对华经贸摩擦，由此拉开中美经贸博弈较量序幕，尽管期间有过多次谈判磋商，但中美经贸摩擦加剧，直接影响了中美油气贸易（见图 3-1）。

特朗普政府已将中美关系定位由“战略合作伙伴”转为“战略竞争对手”，即使中美经贸达成阶段性协议，在具体执行过程中也将存在变数。虽然中美两国油气贸易合作潜力较大，但在两国关系面临考验的大背景下，未来油气贸易前景也存在各种不确定性，如何协调我国与美国、俄罗斯以及沙特阿拉伯等传统油气出口国的关系将面临新的考验。

（二）欧盟对华关系调整新取向，中欧能源合作或出现新变化

以德国和法国为首的欧盟对华主场可能出现新变化。欧盟委员会发布的《欧中战略展望》报告将中国视为“战略竞争对手”，欧盟与美国就在贸易条款中限制与“非市场经济”国家合作达成一致，这将对我国能源合作产生不利影响。此外，欧盟是推进能源绿色低碳转型的前行者，中国和欧盟目前在低碳城市、智慧交通、清洁能源转型方面展开深入合作，近年来双方还在合作探索“一带一路”第三方能源合作。如果中国和欧盟能源合作发生变数，将给我国能源发展和能源绿色低碳转型带来更多的不确定性。

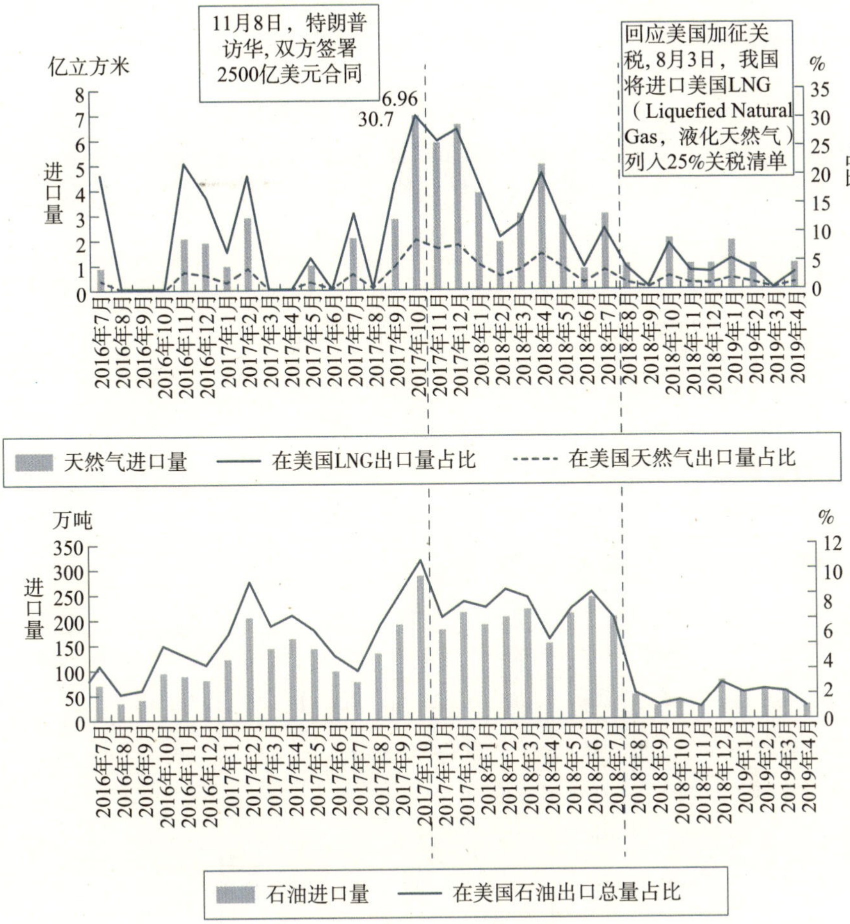

图 3-1　中美油气贸易量变化

资料来源：EIA 统计数据。

（三）能源重点供应地局势新变数，我国能源安全潜存新隐忧

长期以来，中东、北非、中亚—俄罗斯是我国主要油气进口来源地（见表 3-1、图 3-2 和图 3-3），受美国因素影响，“十四五”时期，中东、非洲、中亚—俄罗斯等能源重点供应地局势都会出现新的变数，进而产生风险，特别是随着美国对中东油气依赖程度的降低，其中东政策将更加灵活。主要能源供应地的地缘政治变动将影响全球能源供应，地区性冲突更

是会影响能源运输通道安全，造成国际油价剧烈波动，对我国能源的稳定供应造成较大冲击。

表 3-1　2000—2017 年中国原油进口来源

国家、地区或组织	2000 年/万吨	2005 年/万吨	2010 年/万吨	2015 年/万吨	2016 年/万吨	2017 年/万吨	2016 年份额/%	2017 年份额/%
中东地区	3765	5999	11276	17016	18299	18219	48. 0	43. 4
沙特阿拉伯	573	2218	4463	5054	5100	5218	13. 4	12. 4
伊拉克	318	117	1124	3211	3622	3686	9. 5	8. 8
阿　曼	1566	1083	1587	3206	3507	3100	9. 2	7. 4
伊　朗	700	1427	2132	2662	3130	3115	8. 2	7. 4
科威特	43	165	983	1443	1634	1824	4. 3	4. 3
阿联酋	43	257	529	1257	1218	1016	3. 2	2. 4
卡塔尔	160	34	56	27	48	101	0. 1	0. 2
也　门	361	698	402	156	40	157	0. 1	0. 4
亚太地区	1061	968	880	831	1510	1497	4. 0	3. 6
越　南	316	320	68	212	427	236	1. 1	1. 6
澳大利亚	111	23	287	239	324	210	0. 8	0. 5
印度尼西亚	464	409	139	162	285	149	0. 7	0. 4
马来西亚	74	35	208	27	241	659	0. 6	1. 6
非　洲	1695	3847	7085	6446	6784	8262	17. 8	19. 7
安哥拉	864	1746	3938	3871	4375	5043	11. 5	12. 0
刚　果	145	553	505	586	694	888	1. 8	2. 1
南苏丹	—	—	—	661	537	343	1. 4	0. 8
加　蓬	46	—	42	156	320	381	0. 8	0. 9
加　纳	—	—	—	213	254	350	0. 7	0. 8
欧　洲	472	1458	2586	4985	6248	7344	16. 4	17. 5
俄罗斯	148	1278	1525	4243	5248	5979	13. 8	14. 2
英　国	104	0	8	197	496	844	1. 3	2. 0
哈萨克斯坦	72	129	1005	499	323	250	0. 8	0. 6
西半球	33	435	2104	4271	5263	6673	13. 8	15. 9

续表

国家、地区或组织	2000 年/万吨	2005 年/万吨	2010 年/万吨	2015 年/万吨	2016 年/万吨	2017 年/万吨	2016 年份额/%	2017 年份额/%
委内瑞拉	—	193	755	1601	2016	2177	5.3	5.2
巴　西	23	134	805	1392	1914	2308	5.0	5.5
哥伦比亚	—	—	200	887	881	945	2.3	2.3
美　国	11	0	0	6	49	765	0.1	1.8
阿根廷	—	91	114	44	161	143	0.4	0.3
进口量合计	7027	12708	23931	33549	38104	41996	100	100
其中，欧佩克	2879	6605	15145	19732	21763	23421	57.1	55.8
中东占比/%	53.6	47.2	47.1	50.7	48.0	43.4	—	—

资料来源：中国海关总署。

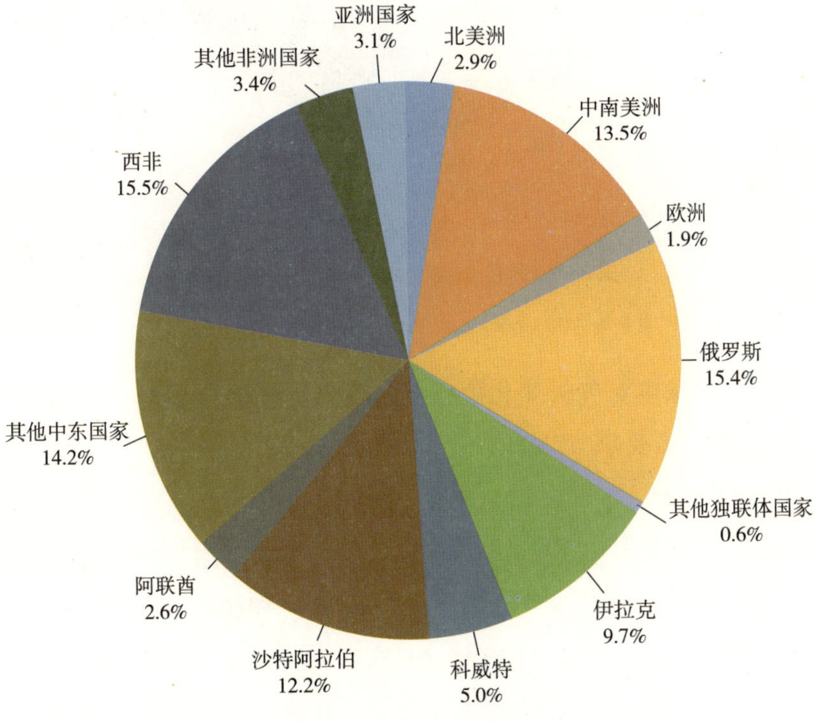

图 3-2　2018 年我国石油进口来源分布

资料来源：《BP 世界能源统计年鉴》(2019)。

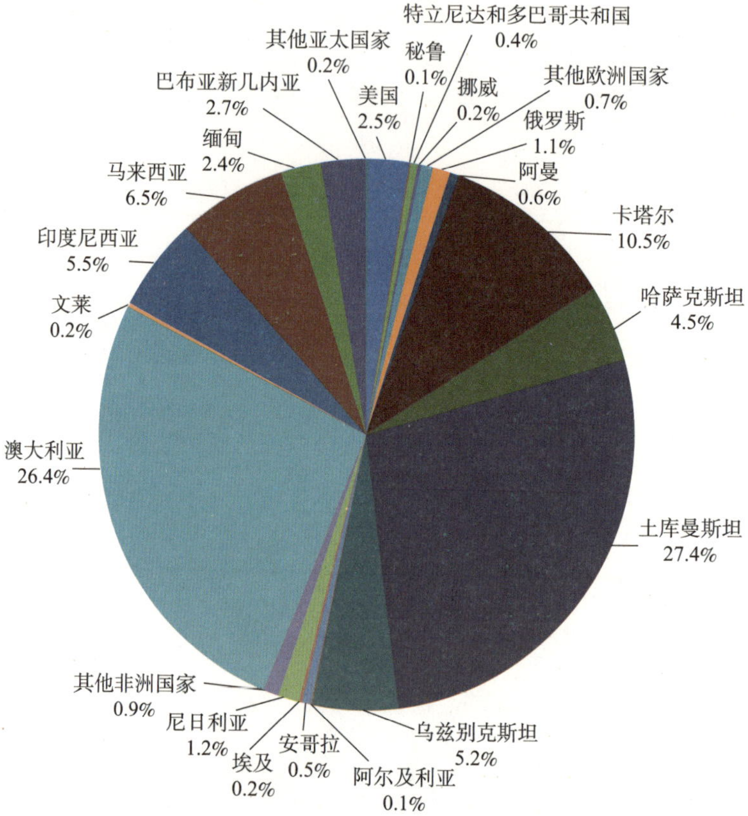

图 3-3　2018 年我国天然气进口来源分布

资料来源：《BP 世界能源统计年鉴》(2019)。

(四) 全球应对气候变化新征程，对我国能源转型与“一带一路”能源合作提出高要求

“十四五”期间，气候谈判可能对全球温室气体减排提出更严格的要求。同时，在应对气候变化背景下，必须对“一带一路”能源合作角色定位、走向、重点地区和领域赋予“绿色本底”。能源合作是“一带一路”的重点领域和内容，且沿线国家特别是东南亚国家大多面临能源供应不足的问题，未来与这些地区开展能源合作时不仅要注意经济性，更要兼顾绿色与可持续发展，将合作重心逐渐向绿色基础设施建设、绿色投融资、能源绿色开发利用等方面倾斜。

二、我国能源安全内涵延展，老问题与新矛盾相互叠加

能源安全作为国家经济安全的一个子范畴，最早提出于第一次世界大战时期；作为全球安全问题首次引起战略关注，始于20世纪70年代初爆发的第一次石油危机。为了应对石油危机、确保经济稳定持续发展，以美国为首的西方发达国家于1974年成立了国际能源署（The International Energy Agency，IEA），首次明确提出了以稳定原油供应和价格为中心的国家能源安全理念。随着时间的推移，能源安全的内涵不断拓展，既包括传统的能源供应保障问题，也包括能源生态环境安全问题、能源经济和金融安全问题等非传统能源安全问题。在全球能源格局深度调整以及我国能源发展对经济、社会、环境影响越发凸显的背景下，我国能源面临的安全问题将从20世纪90年代以来的以保障能源供应问题为主，转到生态环境安全问题与能源供应保障问题并重，同时也要保障能源运输通道、油气管网安全，以及注意潜在的与能源相关的经济风险和金融风险的全方位安全风险防范。

（一）油气对外依存度攀升与储备体系建设滞后，供应安全仍是我国能源安全的重中之重

我国油气对外依存度不断走高（见图3-4）。“十四五”时期，保障油气供应安全仍是我国能源安全的重中之重。我国石油消费将在2030年前后达到峰值，在达到峰值之前，我国可能再净增1亿吨左右的石油进口量。相较于石油，我国天然气消费峰值将更晚到来，未来天然气进口量将超过2000亿立方米，甚至更高。海关总署数据显示，2018年，我国石油、天然气进口量创历史新高，其中原油进口量4.62亿吨，同比增长10.1%，成品油进口量3350万吨，同比增长13%；天然气进口量9040万吨，同比增长31.9%。按照当前势头，即使考虑电动车发展对石油的部分替代，到2030

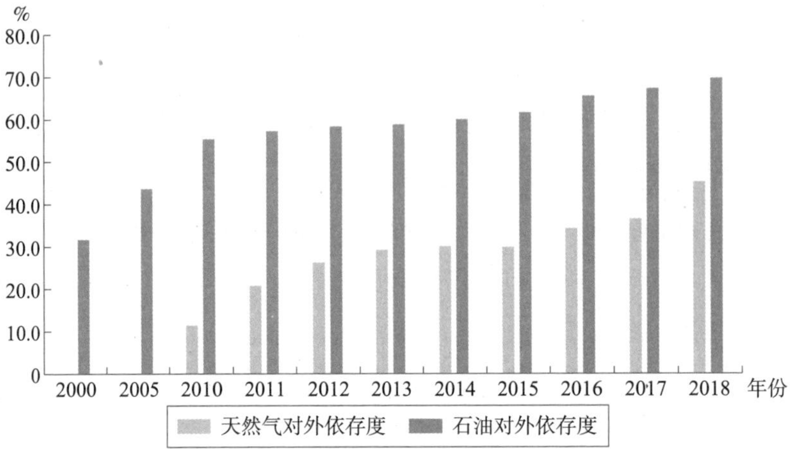

图 3-4　2000—2018 年我国油气对外依存度情况

资料来源：课题组测算。

年，我国石油对外依存度将仍旧向 75%逼近。考虑到天然气作为清洁低碳能源被我国诸多省（区、市）作为打赢蓝天保护战的重要替代能源，其未来需求或将持续大幅增长，对外依存度也将持续攀升。到 2030 年，我国天然气消费量或将逼近 5000 亿立方米，对外依存度将在 50%以上。2017 年冬季发生的天然气“短供”事件警示我们，今后天然气面临的供应安全问题恐怕比当前石油面临的形势更为严峻。特别是，我国油气对外依存度不断攀升，而我国油气储备体系建设却相对滞后，“十四五”时期迫切需要加快补齐这一短板。

当然，高油气对外依存度并不等于油气供应不安全。主要的油气出口大国，如沙特阿拉伯、俄罗斯、卡塔尔等，其经济安全和社会稳定严重依赖油气出口收入，它们也面临出口安全的问题，一旦无法出口给像我国这样的巨大进口国，可能最先难以挺下去的是这些国家。因此，在不发生直接和较大军事对抗的情况下，我国作为全球最大油气进口市场也是对外能源合作的优势所在。中国市场是任何卖方国家都不能忽视的，我国也具备利用买方优势赢得主动的有利条件。

（二）能源消费总量增速反弹，能源生态环境安全日趋严峻

生态环境安全是国家安全的重要组成部分。我国二氧化硫（SO_2）、氮氧化物（NO_x）、烟（粉）尘以及可吸入颗粒物排放长期高居世界首位，这些排放绝大部分来自化石能源燃烧，中东部地区过高的煤炭消费密度是雾霾产生的重要原因。此外，煤炭的长期高强度开发会造成地面沉降、地下水资源破坏等生态灾害。同时，我国还是全球最大的温室气体排放国，人均碳排放不但超过世界平均水平，而且已经接近发达国家的平均水平，控制温室气体排放的压力长期存在。但是近几年来，我国能源消费增速呈上扬态势，能源消费增速从2016年的1.4%上升到2017年的2.9%，并进一步增长至2018年的3.3%。在严控新增消费的情况下，2018年煤炭消费仍增加1.5亿吨左右。从“十三五”能源消耗总量和强度“双控”中期评估看，预期2020年全国能耗总量将超过50亿吨标准煤的全国能耗总量控制目标。

近中期内，我国还不能改变以煤为主的能源消费结构，如果能源和煤炭消费总量控制目标不能实现，能源生态环境问题压力将进一步增加。特别是“十四五”期间，提高电气化水平是我国能源结构优化调整的重要方向，满足电力需求增长的同时，防止煤炭需求反弹将成为必须解决的问题。未来，随着人们对环境质量要求的提高，如不能做到能源绿色清洁转型，能源及其相关产业发展将受到极大的制约。

（三）能源基础设施网络复杂庞大，风险点也随之增加

能源基础设施安全是能源安全的重要内容。近几年，无论是油气管网还是电网均越修越长，特别是有些管道经过人烟稀少的戈壁荒漠，有些电网跨越地质复杂的群山峻岭，这些不仅给恐怖分子留下了可乘之机，也容易在发生自然灾害后引发次生能源安全风险。油气生产设施被毁将会影响油气供应，而运输管道被破坏也将对区域能源供应产生不利影响。特别是在天然气和电力领域，随着煤改气、煤改电的推进，一旦停气、停电，将

会引发较为严重的民生问题。

与此同时，随着智能电网、物联网等发展，黑客攻击给能源基础设施特别是电力基础设施带来的风险越来越大。通过网络攻击可以造成大面积的电力中断，我国电力设施面临的网络安全风险需要得到重视。

（四）能源金融体系不健全，安全风险不容小觑

能源项目体量大、投资高，对国家经济安全影响大。我国能源金融发展起步较晚，在国际能源市场的话语权和影响力较弱。欧美国家垄断了全球主要能源交易市场。我国贸易规模虽庞大，却未形成具有全球影响力的能源交易中心，在全球能源金融市场中缺乏定价权及规则制定权。人民币国际影响力虽然近几年有所提升，但权重依然较低。同时，我国参与国际能源金融市场的程度与经验均不足，能源金融衍生品市场发展较慢，不能满足国内套期保值需求，容易受到全球能源市场价格波动冲击。

另外，我国能源产业融资能力偏弱，融资方式较为单一，金融对能源产业健康发展支撑不足。特别是在当前新旧动能转换过程中，既要防止传统化石能源产业可能出现的新一轮产能过剩，也要防止一些地方不顾自身条件一哄而上，无序发展电动汽车、氢燃料电池、储能技术而带来的低效或无效投资风险问题。此外，国家在鼓励新能源、新技术发展过程中，也存在因监管不到位或对市场发展速度预估不准，造成财政资金浪费或预算不足等问题。总体而言，我国能源金融发展滞后，与世界第二大经济体、能源消费与进口大国的地位很不相称，不仅面临国际能源价格波动带来的成本推动压力及风险传导，而且在全球金融财富分配中处于被动地位，容易受到冲击。同时，金融系统对国内能源转型的支撑也不到位，不利于能源高质量发展。

三、各国高度重视能源安全，共性做法与个性政策值得借鉴

能源安全事关国家和经济安全，美国、日本、欧盟国家等发达国家都

高度重视能源安全保障工作，并积累了较丰富的经验。其相关做法和举措对我国提高能源安全风险防范能力具有重要借鉴意义。

（一）油气战略储备体系是主要抓手

美国、日本、欧盟国家等发达国家保障能源安全的突出特点是：建立油气战略储备体系，并将其作为应对突发事件造成的供应短缺的重要手段。为应对石油危机而成立的 IEA，在其成立之初便将持续稳定且价格合理的石油供应作为能源安全的核心，并要求其成员方中的石油净进口国具备至少 90 天石油进口需求的储备。IEA 数据显示，2019 年 5 月，IEA 石油净进口国总储备平均天数达到了 215 天（见表 3-2）。

表 3-2 IEA 主要成员石油储备情况 单位：天

国　家	总储备	商业储备	官方储备
美　国	713	435	278
日　本	187	74	113
韩　国	169	81	89
法　国	111	30	81
德　国	122	31	91
意大利	137	125	11
英　国	272	272	0
IEA 欧洲国家平均值	133	82	51
IEA 石油净进口国平均值	215	125	90

资料来源：IEA（数据日期为 2019 年 5 月）。

美国是全球战略石油储备量最大的国家，其储备来自油轮和地下深层储油岩库，可容纳超过 7 亿桶原油。美国的战略石油储备有完善的法律保障，包括国家石油储备和商业石油储备两种形式。美国对企业储备量没有严格的规定，企业可以根据市场情况自行决定储备量，一定程度上扩大了企业的自主权。历史上，美国的战略石油储备在多次危机中起到了关键性作用。当前，随着美国石油净进口量的下降，其石油储备天数大幅增加，2019 年 5 月，其总储备天数已达到 713 天。美国战略石油储备策略见表 3-3。

表 3-3　美国战略石油储备策略

时间和背景	规模/万桶	战略石油储备策略
1990 年海湾战争	2114	为战争提供石油，稳定国际石油价格
1998 年亚洲金融危机	2825	采用“高抛低吸”策略，减少了财政赤字和储备成本
2001 年美国寒冬	2907	缓解了美国东北部的冬季取暖用油矛盾
2005 年卡特里娜飓风	1620	缓解了飓风对石油供应的冲击
2008 年次贷危机	539	采用“高抛低吸”策略，稳定经济和降低储备成本
2011 年利比亚战争	3000	弥补战争所带来的石油供应不足
2014 年乌克兰危机	500	战略释放，压低原油价格，对俄罗斯进一步施压
2017 年哈维飓风	100	缓解飓风对石油供应的冲击

资料来源：EIA。

日本国内石油资源虽然极其匮乏、海外依存度高，但是并未给日本能源安全带来事实上的高风险，其原因在于日本建立了有效的战略石油储备体系。日本石油储备不仅储备规模大（2019 年 5 月日本石油储备天数为 187 天），而且储备基地布局分散均衡，储备方式多样。在石油储备体系构成方面，日本建立了多层次的储备模式，包括由国家直接管辖的国家储备、民间石油企业依据法律义务实施的民间储备、与中东产油国合作开展的共同储备三部分。同时，日本石油储备管理体制相对完善，包括石油储备法律体系、管理方式和石油储备的应急管理体制。在储备管理方面，日本注重方式创新，从“国家直接”管理模式改为“委托—代理”模式。日本储备管理体制变化前后比较见表 3-4。

表 3-4　日本储备管理体制变化前后比较

<table>
<tr><th colspan="2">项　目</th><th>管理体制变化前
（国家直接管理）</th><th>管理体制变化后
（第三方管理）</th></tr>
<tr><td rowspan="3">产权性质</td><td>国家储备的石油</td><td>石油公团</td><td>—</td></tr>
<tr><td>国家储备基地</td><td>国家储备公司（石油公团出资 70%；民间资本 30%）</td><td>国家（拥有决策权）</td></tr>
<tr><td>国家储备基地的土地</td><td>石油公团</td><td>—</td></tr>
</table>

续表

项 目	管理体制变化前（国家直接管理）	管理体制变化后（第三方管理）
国家储备的管理主体	石油公团	JOGMEC（具有独立的管理权）
国家储备基地的操作主体	国家储备公司（石油公团出资 70%；民间资本 30%）	操作服务公司（100%民间资本）
运行机制（契约方式）	签订“原油寄存委托合同”（石油公团与国家储备公司）	签订“管理委托合同”（国家委托 JOGMEC）；签订“操作委托合同”（JOGMEC 委托操作服务公司）

资料来源：根据日本产业省能源资源厅等官方资料整理。

欧盟的战略石油储备实行的是机构储备与企业储备相结合、以机构储备为主导的模式。所谓机构储备，就是政府或企业在有效控制整体储备的前提下，由大型代理机构具体组织企业实施储备和运转的一种储备方式。2019 年 5 月，英国 272 天的战略石油储备均为企业储备，意大利 137 天的储备中 125 天为企业储备。同时，不同成员国的石油储备方式也有很大差异。与大多数国家石油战略储备以原油为主不同，法国石油战略储备以成品油为主。德国的石油战略储备也只有约 50%为原油，其余为汽油和中间馏分油。

（二）应急管理体系是重要保障

美国、日本、欧盟国家等发达国家均高度重视危机应对机制的建设和应急反应能力的提高。美国能源应急安全体系的内在机制建构遵循了“政策、法律和体制”三位一体的思路，三者形成合力共同发挥作用。美国建立了完整的能源信息收集与分析体系，并成立了隶属于能源部的统计机构美国能源信息署（Energy Information Administration，EIA），由其负责能源调查、统计和发布工作。EIA 不参与美国政府能源政策和法规的制定，但根据美国国会的要求利用模型对调查得到的数据进行分析，还根据要求对政策的效果做出评估。在美国能源安全战略实践中，将能源政策与能源法视为一体，任何一项能源安全战略实践都可从能源法中找到法律依据或者获得法律授权，这使得其国家能源安全机制具有权威性、长期性、稳定性和前瞻性等特点。

欧盟能源安全战略取得成效的重要原因在于各项战略目标和措施都能够依靠法律手段顺利落实。欧盟发布的指令和决定等具有法律效力，有的是对能源政策的全面规划，有的是具体规定要求执行的标准、程序和指标，有的是对成员国一些成功做法的推广。例如，1965 年德国颁布《石油制品最低储量法》，按照市场调节为主、政府干预为辅的原则，要求所有从事石油及石油制品进口和生产的企业，必须拥有“应对石油供应短期中断”的储备。法律赋予“石油战略储备行业委员会”负责审批的权力，德国任何地方建立石油储备基地，具体位置必须征得该委员会的同意。

（三）推进节能增效与能源转型是普遍做法

为了提升能源安全水平，欧盟国家以及日本等国大力推进节能增效，并积极开发可再生能源，以减少对化石能源的依赖。节能增效方面，欧盟针对 2020 年、2030 年和 2050 年制定了“三步走”的能效目标。具体措施方面，欧盟采取了一系列举措提高能效，包括国内能源相关企业通过节能措施，能源消耗每年减少约 1.5%；每年对由中央政府拥有或占用的至少 3%的建筑进行翻新改造；建筑物的出售或租赁须强制性附带能效证书；采用最低的能效标准并标注在各种商品上；每三年由欧盟国家策划一次国内能源效率行动；等等。日本的节能措施更是非常全面，同时采取经济引导与法规强制并重的方式，提升企业和民众参与积极性。家庭用能方面，提倡使用节能电器，通过制定建筑耗能标准和节能建材补助，鼓励居民对现有住宅进行节能改造，规定在 2020 年新建住宅过半数要实现零耗能。产业用能方面，针对产品单耗进行管理，提升能源效率，对淘汰落后产能与调整产业结构起到间接作用。交通运输用能方面，促进汽车降低油耗，对混合动力汽车、纯电动车和氢燃料电池车等新能源汽车给予补贴。

推动可再生能源发展方面，欧盟充分开发利用本土风能、太阳能、水电、生物质等可再生资源。通过可再生能源配额制度、发放补贴等多种手段，欧盟国家风电、太阳能高比例开发利用走在世界前列。同时，为了推动欧盟各国发展可再生能源，欧盟通过立法的形式加大推进力度，如制定《可再生能源指令》并于 2009 年 5 月开始生效，欧盟各成员国必须依据该指令的要求来制订与推行国家可再生能源行动计划。日本同样积极推进能源结构多元化转型，缓解能源安全压力。一是积极发展核电，改善能源结构。核电曾是日本的基荷电源，曾占到日本全国电力供应的 30%左右，但受 2011 年地震导致福岛的两座核反应堆发生核泄漏影响，日本宣布关停了全部 48 座核反应堆。日本核电发展一度停滞受阻，导致火力发电所需的化石燃料进口量大增，平均发电成本显著提升，日本能源供应安全压力也相应增加。为了缓解电力紧张形势，保障能源安全，2015 年日本开始逐渐重启核电。2018 年 7 月，日本政府批准“第五次基本能源计划”，明确核电在其 2030 年发电中占比达到 20%~22%的基荷电源定位。二是加速可再生能源发展。日本积极推动风电、光电、生物质能和地热能的发展应用。同时，日本高度重视发展氢能源，日本在第一次石油危机爆发的 1973 年就成立了“氢能源协会”，在 2013 年 5 月安倍政府推出的《日本再复兴战略》中，把发展氢能源提升为国策；2017 年 12 月，日本发布“氢能源基本战略”，主要目标包括到 2030 年左右实现氢能源发电商用化，致力于建设氢能源社会，在氢能源利用方面引领世界。

（四）基于自身实际针对性施策是核心力量

美国方面，积极推动“能源独立”，并利用军事力量保障能源安全。20 世纪 70 年代的两次石油危机对依赖石油进口的美国经济社会发展造成巨大冲击。受此影响，此后历届美国政府均把能源安全问题放在优先地位，实现“能源独立”是美国保证能源安全的战略目标之一。奥巴马一上台即提出“能源独立”计划，出台了《未来能源安全蓝图》，推动美国的能源产业转型，大力发展新能源和可再生能源，大规模开发页岩气，使得美国石油对外依存度从2005年60.3%的高点降至2016年的24.7%，对波斯湾国家石油进口依赖度从2001年14.1%的高点降至2016年的7%左右。美国天然气对外依存度从2007年16.4%的高点降至2016年的3%以下，且进口来源地向周边国家和地区高度集中，其中99%以上来自加拿大、特立尼达和多巴哥两个国家。2016年美国能源对外依存度已从2005年的30%以上降至10%左右，“能源独立”取得明显成效。同样，特朗普就职后不久，便提出了“美国能源优先计划”，进一步加大开发本土能源力度，减少石油进口；继续推进页岩油气革命；支持清洁煤技术，重振美国煤炭工业。特朗普政府的“能源独立”政策将石油和天然气看作是美国能源独立的核心，同时支持煤炭行业发展。长期以来，美国利用其强大的军事力量保障能源供应安全。美国在中东地区一直拥有数十个军事基地，重点是控制油气资源丰富的波斯湾地区。

日本向来重视能源外交，并深入开展全球油气产业链合作。日本不断加强能源外交合作，与主要能源供应国建立紧密的双边关系。通过积极开展首脑外交，为能源贸易创造一个政府间互信的双边环境，并且在这些国家社会的各个层面开展多样化的经济贸易和人才交流。另外，日本与各国的海运安全组织开展多种合作，以保障日本运输船的安全航行，如资助建设海港基础设施、沿海地区灾害应急救援体系等。日本基于《亚洲区域打击海盗和武装船只合作协定》和“保障船舶安全通过马六甲和新加坡海峡的合作机制”，深化与美国在海上安全方面的合作。同时，日本积极参与全球油气全产业链合作。日本一直以来力求能源进口的多元化，希望降低对中东能源的依赖。美国页岩油气革命成功后，日本积极扩大进口美国的原油和天然气，不断增加北美页岩油气项目投资。日本还与非洲新兴资源供应国保持密切的合作关系，积极参与海外油气上游项目投资、并购，以获得权益油、气和煤。日本为了保障天然气供应的稳定，全面介入海外上游天然气田、通往码头的输气管道、液化设施和 LNG 码头、运输船队等中上游全产业链的合作。

欧盟强调内部协调，保障能源供应安全。例如，2015 年 2 月，欧盟正式宣布成立能源联盟，其战略目标是降低欧盟对进口石油和天然气的依存度，帮助成员国实现能源多样化，保障欧盟能源的安全和可持续性。其主要内容包括保障能源供应安全、建立具有竞争力的内部一体化能源市场、提高能源效率、实行经济低碳化、加强科技研发和创新 5 个方面。同时，法国法律规定，法国如要动用战略石油储备，必须与欧盟以及国际能源机构协调行动。德国与欧盟其他成员国签订了石油储备双边互助协议，根据协议，德国石油储备协会（Erdöl Bevorratungs Verband，EBV）可以租用这些国家的储备设施。乌克兰危机之后，欧盟降低对俄罗斯能源依赖的紧迫性不断加大。欧盟委员会推出最新的欧洲能源安全战略，强调将致力于减少对外部能源的依赖度。此外，欧盟还强调应协调各国的能源政策，以便在与俄罗斯等外部供应方进行谈判时形成统一战线。

四、坚持底线思维，综合应急与长效机制并举推进

虽然当前我国能源安全面临的风险点增加，但只要大国之间不发生大规模军事冲突，我国的能源供应基本上是能够保障的。一是我国能源总体自给率①在 80%以上（见图 3-5），保证能源供应总体安全的风险相对较小。二是虽然石油进口比例达 70%、天然气进口比例达 45%，但我国已构建了东北、西北、西南、海上四大油气进口战略通道，只要世界大格局稳定，加上主要油气出口大国也需要与我国维持稳定的贸易关系以支撑其经济安全和社会稳定，就能与能源出口国在开放的环境下实现共同安全。三是我国有独特的地缘优势，俄罗斯、中亚油气资源富裕国家、过境通道缅

① 考虑到我国煤炭进口主要基于市场化因素而不是资源不足，因此我国能源对外依存度主要以油气资源进行测算。

甸等与我国陆路相连，关系友好，如果措施和应对得当，平时和极端情况下可保障我国 1/3~1/2 的油气进口。因此“十四五”时期及未来一段时期，我国在补齐短板、增加能源安全韧性的基础上，仍应保持战略定力，加速推进“能源革命”，加快摆脱以化石能源为主的传统模式，推动能源高质量发展，彻底解决能源安全掣肘。

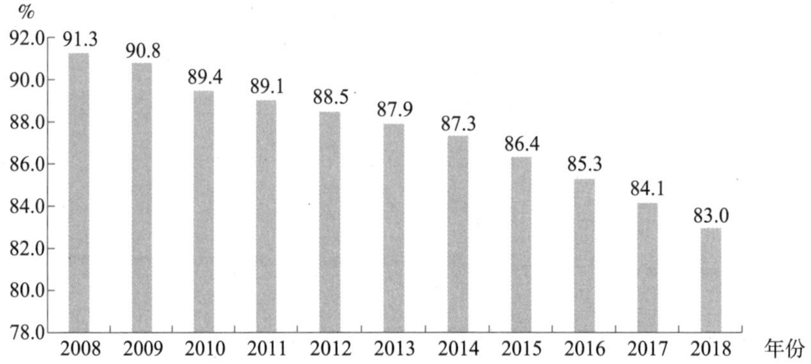

图 3-5　2008—2018 年我国能源自给率情况

资料来源：根据《BP 世界能源统计年鉴》相关数据整理。

注：此处的能源自给率 = 1- 油气净进口量 / 一次能源总消费量。

（一）调整思路，从经济高质量发展大局出发审视能源安全

“能源安全”和“能源绿色发展”并不矛盾：以拼命获取化石能源提高“能源安全”是短期应对之策；以加速推进“绿色发展”提高“能源安全”才是长久的无悔抉择。能源绿色发展才是解决能源安全问题的必由之路。要建立以“能源绿色发展”提高“能源安全”的新思路，强调“节能是第一能源”“节能和可再生能源是最安全、最可靠的能源绿色解决方案”，切实推进节能增效和可再生能源发展，这样才能从根本上提高能源安全水平，避免“头痛医头、脚痛医脚”，使我国更快地融入世界发展的主流和未来全球能源变革主流。“十四五”时期，我们更需要宁心静气，把全部精力聚焦到绿色高质量转型上，强调“绿色就是安全”的新理念，

以加快能源绿色转型，降低能源安全风险。考虑“十四五”时期能源发展时，建议把“绿色”放在“安全”之前。

（二）加强顶层设计，切实增强应对能源安全风险能力

应对新挑战，首先要确定我国能源安全体系的各项重大战略目标。能源安全体系包括高效合理的能源利用体系、安全稳定的现代能源产业体系、及时灵活的能源预警与应急响应体系、复合多元的世界能源资源开发利用协同保障体系。其核心目标是全面提升持续稳定的能源供应能力、合理需求调控能力、风险规避与应对能力、国际能源市场影响力。因此，建议将能源安全作为总体国家安全观的重要内容，由国家安全委员会统一协调，尽快启动新一轮能源安全战略修订工作，明确新形势下能源安全体系各项重大战略目标，强化能源与外交、军事、经贸等多方面综合布局。构建由国家发展改革委牵头，外交部和商务部共同参加的重点能源安全预警机制，及时跟踪研判主要油气出口国国内政治经济环境变化及其对能源国际合作的影响。

（三）制定保安全应对预案，补足能源安全短板

我国已是世界第一大石油进口国和第二大天然气进口国，今后油气消费增长也主要依靠进口。在能源供需格局加快调整、地缘政治博弈激化、能源市场不确定因素增多背景下，我国需要强化底线思维和风险意识，完善开放条件、竞争环境下的能源安全保障体系。一是建立分层级安全应对机制。做好不同情景下的预测、规划，建立国家能源安全分层级预警应对机制。二是增强油气战略及应急储备能力。提升国家战略储备和商业储备整体水平，在国际油价适宜的情况下，迅速补齐短板，力争“十四五”期末形成1亿~1.2亿吨的全社会石油储备能力。三是提高应对非传统能源安全风险能力。构建电网安全综合防御体系，增强油气管网安全运行能力，保障国际国内能源供应链安全。

（四）立足国内，通过体制创新促进清洁能源和替代能源发展

绿色低碳已成为全球能源发展大势，我国应保持战略定力，加快推进能源生产和消费革命，引领区域及全球能源转型。一方面，创新管理机制，打破现有利益格局，彻底消除弃风、弃光体制机制障碍，从制度上化解火电与新能源发电矛盾，突破清洁能源发展的制度瓶颈，促进终端用能电气化，尽早摆脱对化石能源的高度依赖。坚持集中开发与分散利用并举，调整优化开发布局，加速清洁能源开发，全面协调推进风电开发，推动太阳能多元化利用，有序推进流域大型水电基地建设，安全高效发展核电，因地制宜发展生物质能、地热能、海洋能等新能源。同时也要注意，应鼓励各地根据实际情况创新转型路径，鼓励各种技术和商业模式创新，避免出现“一刀切”的做法。另一方面，我国城市化发展水平、汽车普及率明显低于发达国家，具备重塑交通运输基础设施、发展结构、技术选择的后发优势。特别是，我国在电动汽车、电池制造、共享出行、智能网联等方面已取得了一定成就，具有“弯道超车”的较大潜力。“十四五”期间，一是将推广新能源汽车作为打赢蓝天保卫战、加快能源转型的突破口，加快交通运输实现高效化、去油化、电气化发展。二是推动新能源汽车、信息技术、人工智能、新能源等已取得成果的领域加速融合，尝试在共享出行、电动汽车参与电网调峰等方面创新商业模式。

（五）积极维护多边秩序，协同保障区域能源安全

为了对冲和抵消能源格局调整及能源地缘政治不稳定带来的潜在安全风险，我们应积极维护多边秩序，营造对我国能源安全有利的全球能源发展环境，特别是应进一步深化以“一带一路”倡议为引领的国际能源合作，推动形成能源合作利益共同体和命运共同体，提升区域整体能源安全水平。一是强化能源治理理念与治理机制方面的合作。深化与石油输出国

组织（Organization of the Petroleum Exporting Countries，OPEC）、IEA、能源宪章等现有全球能源治理机构的合作，积极推动和参与多边能源法律规则的改革进程，主动维护现有机制在解决双多边合作争端中的权威作用，共同维护全球能源市场稳定。增强二十国集团（Group of 20，G20）、亚太经合组织（Asia-Pacific Economic Cooperation，APEC）、上海合作组织（Shanghai Cooperation Organization，SCO）、中非合作论坛（Forum on China-Africa Cooperation，FOCAC）、中欧领导人峰会（China-EU Summit）、中国—拉共体论坛（China-CELAC Forum，CCF）等对促进多边能源合作的引领作用，消除能源贸易投资壁垒，形成多边能源技术、环境保护的统一标准，促进市场深度融合。二是强化区域能源务实合作。一方面，强化区域能效、可再生领域合作。向“一带一路”沿线国家输出我国能源低碳转型的发展理念和经验，通过加强高效清洁煤电、风电、光伏、核电、水电等领域的技术、资金、装备方面的合作，帮助“一带一路”沿线发展中国家提高能效、改善电力供应、提高非化石能源开发利用水平，缓解其发展过程中对于油气的需求，降低全球油气消费增速，保持国际油气市场相对宽松的供应环境。另一方面，加强与“一带一路”沿线国家在油气勘探开发、油气管网互联互通、能源金融等领域的合作，增加区域油气供应能力，紧密区域油气贸易合作，探索建立区域油气定价机制，打造区域能源命运共同体。强化区域能源安全水平，增强我国能源进口来源多元性和进口稳定性。同时，借助人民币国际化，与“一带一路”沿线国家开展油气贸易本币结算，提升我国在油气领域的定价权。此外，鼓励中欧企业积极探索开展“一带一路”第三方能源合作。

参考文献

[1] IEA. World Energy Outlook 2018 [R]. 2018.

[2] BP. Energy Outlook 2018 [R]. 2018.

[3] BP. Statistical Review of World Energy 2019 [R]. 2019.

[4] IPCC. Global Warming of 1.5℃ [R]. 2018.

[5] IRENA. Global Energy Transformation：A Roadmap to 2050 (2019 Edition) [R]. 2019.

[6] IRENA. A New World：The Geopolitics of the Energy Transformation [R]. 2019.

[7] IRENA. Renewable Energy Statistics 2019 [R]. 2019.

[8] EIA. Annual Energy Outlook 2019 [R]. 2019.

[9] EIA. International Energy Outlook 2018 [R]. 2018.

[10] RFF. Global Energy Outlook [R]. 2019.

[11] 韩文科，张有生．国家能源安全战略 [M]. 北京：学习出版社，2014.

[12] 戴彦德，朱跃中，刘建国．从特朗普能源新政看中国能源安全形势 [J]. 中国经济报告，2017 (4)：70-73.

[13] 高世宪，朱跃中．依托“一带一路”深化国际能源合作 [M]. 北京：中国经济出版社，2016.

[14] 蒋钦云，刘建国，朱跃中．改革开放40年能源国际合作回顾及新时代推进建议 [J]. 宏观经济管理，2018 (12)：12-18.

[15] 崔成，刘建国，蒋钦云．特朗普“美国能源主导权”战略的重大冲击 [J]. 中国经贸导刊，2017 (33)：25-28.

[16] 梁琦，朱跃中，刘建国．加强国际合作，维护国家能源安全 [J]. 中国能源，2015 (3)：18-21.

第四章

“十四五”时期深化能源治理方式改革研究

随着计划经济向市场经济转轨，我国以计划为主的能源管理方式问题越发突出，成为制约能源高质量发展的关键短板。站在新的历史起点，按照国家治理现代化的要求，本章深入剖析了“十四五”时期深化能源治理方式改革面临的形势和任务，按照“有为政府、有效市场、有机社会”的“三有”要求，提出责权利明晰、依法依规、共同参与的治理改革思路，相应提出构建管理体系、监管体系、市场体系、社会治理体系、法律法规体系五大现代治理体系，进而提出推动政府管理现代化、健全现代能源监管体系、构建现代能源市场体系、深化能源国有企业治理改革、完善现代化能源法律法规、推动能源社会治理体系建设六大重点。

一、能源治理方式的内涵和特征

（一）能源治理方式的定义

“治理”的概念是20世纪90年代在全球范围逐步兴起的。治理理论的主要创始人之一詹姆斯·N. 罗西瑙认为：“治理是通行于规制空隙之间的那些制度安排，或许更重要的是当两个或更多规制出现重叠、冲突时，或者在相互竞争的利益之间需要调解时才发挥作用的原则、规范、规则和决策程序。”① 全球治理委员会在1995年将治理界定为：“治理是或公或私的个人和机构经营管理相同事务的诸多方式的总和。它是使相互冲突或不同的利益得以调和并且采取联合行动的持续的过程。它包括有权迫使人们

① 詹姆斯·N. 罗西瑙. 没有政府的治理［M］. 南昌：江西人民出版社，2001.

服从的正式机构和规章制度，以及各种非正式安排。而凡此种种均由人民和机构或者同意，或者认为符合他们的利益而授予其权力。它有四个特征——治理不是一套规则条例，也不是一种活动，而是一个过程；治理的建立不以支配为基础，而以调和为基础；治理同时涉及公私部门；治理并不意味着一种正式制度，而确实有赖于持续的相互作用。”① 与统治、管制不同，治理指的是一种由共同的目标支持的活动，这些管理活动的主体未必是政府，也不一定非要依靠国家的强制力量来实现。

能源是自然界中能为人类提供某种形式能量的物质资源，是人类社会生存发展的重要物质基础，事关国计民生和国家战略竞争力。《大英百科全书》将能源定义为“一个包括所有燃料、流水、阳光和风的术语，人类用适当的转换手段便可让它为自己提供所需的能量”②。《能源百科全书》将其定义为“可以直接或经转换提供人类所需的光、热、动力等任一形式能量的载能体资源”③。18 世纪以后，煤炭、石油、电力的广泛使用，先后推动了第一次、第二次工业革命，使人类社会从农耕文明迈向工业文明，能源从此成为世界经济发展的重要动力，成为现代社会的血液，也成为各国利益博弈的焦点。正因如此，如何更好地发挥能源的重要基础乃至支柱作用，如何使能源持续支撑人类现代化进程，一直是各国乃至全球治理领域共同关注的重要问题。

治理之于能源，即能源治理方式，可界定为政府“看得见的手”和市场“看不见的手”引导和规范能源经济运行进而服务国家经济社会可持续发展进程的模式。该模式一方面包括政府部门对能源产业全链条的管理和监管，另一方面包括能源生产和消费者组织和开展能源生产和消费行为。此外，还包括能源相关社会组织对能源经济运行施加的影响。

---

① 俞可平．治理与善治［M］．北京：社会科学文献出版社，2000.

② 美国不列颠百科全书公司．大英百科全书（国际中文版）［M］．北京：中国大百科全书出版社，2007.

③ 《能源百科全书》编辑委员会．能源百科全书［M］．北京：中国大百科全书出版社，1997.

（二）能源治理方式的影响因素

影响能源治理方式的因素很多，而且能源治理方式本身也在不断变化。一个国家选择何种能源治理方式，主要由能源的基本属性决定，也与该国政治经济体制高度相关，同时还受到该国经济社会发展水平以及历史传承、文化传统、社会思潮等多种因素的影响。

首先，能源的基本属性是影响能源治理方式的最主要因素。一方面，能源特别是煤炭、石油、天然气都是全球重要的大宗贸易品，具有典型的商品属性，这决定了市场是配置能源资源的最主要手段；另一方面，大量能源基础设施具有自然垄断特性，节能和提高能效具有一定的经济外部性特征，使其很大程度上需要政府加以监管和规制。此外，对很多国家而言，能源又是重要的战略性资源，保障能源安全尤为重要，世界能源生产和消费大国大多从国家战略和国家安全角度加强能源的宏观管理。

其次，能源治理方式与一个国家的政治经济体制高度相关。美国、加拿大等市场经济高度发达的国家，市场在能源资源配置中起着决定性作用，政府能源治理主要集中在市场监管、能源科技创新、能源信息收集和分析以及能源安全保障等领域。俄罗斯、委内瑞拉等国家利用行政权力或直接注资的方式将能源企业“国有化”，国有能源企业在能源生产、销售环节具有垄断地位。当然，大部分国家采取的是混合式的能源治理方式，政府“看得见的手”和市场“看不见的手”都在发挥着重要作用。

最后，能源治理方式随着经济社会发展水平、社会思潮等变化而变化。“二战”以后，无论是老牌市场经济国家（如英国、法国），还是一些新兴独立国家（如印度），都从不同角度出发，在能源领域采取了国有化集中管控的方式。到了 20 世纪 80 年代，能源国有企业的弊端不断暴露，经济效能不断下降，加之自由化思潮的兴起，各国纷纷采取了私有化方式，将国有企业转制推向市场，更多依靠市场来配置能源资源。英国、法国以及日本等国家坚持私有化方向，通过整体出售、上市、政府和私人合营、无偿赠予等多种形式推进国企产权改革，让市场机制发挥决定性作用。印度一方面对国有企业进行重组改造，另一方面对私营经济开放能源产业，这样既保持国有企业在能源产业中的地位，又通过开放的经济体系吸引社会投资、激发能源企业活力，进而增进能源保障水平和社会福利。

（三）能源治理方式的基本特征

本章从能源治理目标、主体和手段三个维度对能源治理方式的基本特征进行刻画，从而对能源治理方式的有效性进行判定和评价。

第一，在能源治理目标维度，主要体现在三个方面：①微观上实现能源资源的合理有效配置，兼顾公平和效率；②宏观上实现能源供需整体的有序衔接和平衡，促进能源生产力的发展，保障国家能源安全乃至国家安全；③动态视角下实现能源与经济社会可持续发展，兼顾当前一代和子孙后代的利益。

第二，在能源治理主体维度，主要有三大类主体：①政府，主要进行宏观管理和监管；②市场，主要对能源资源进行有效配置；③社会组织，主要发挥社会公民和城乡社区、协会组织、各类社团组织的力量，完善意见表达渠道、加强信息沟通交流，充分反映能源各领域利益主体诉求，有效化解矛盾和冲突。

第三，在能源治理手段维度，不同主体对应不同的手段：①对政府而言，一是通过制定能源战略政策进行激励；二是通过行政手段进行管控；三是通过监管手段进行规范。②对市场而言，一方面依靠价格信号等市场机制“看不见的手”配置资源，引导微观主体行为；另一方面依赖强有力的法律手段约束各类微观主体行为。③对社会组织而言，主要是依靠信息平台机制，把各类主体的清晰明确的诉求信号传递给政府和市场，让政府决策和市场机制在信息更完备的情况下发挥作用。

二、我国能源治理取得的成就及存在的问题

（一）取得的成就

从新中国成立到改革开放以前，我国实行的是高度集中的计划经济体制，能源治理同样采用计划管理体制。改革开放以后，伴随着经济体制从计划经济到市场经济转轨，能源治理方式也开始向中国特色社会主义市场经济体制的方向转型。我国实施了一系列的改革，目前仍在不断地改革与探索之中。

第一阶段（1949—1977 年），高度计划的管理体制促进了能源供应水平的提高。

新中国成立之初，我国能源产业基础非常薄弱，主要任务是恢复并改造旧中国遗留下来的能源生产体制，集中力量进行基本建设。这一阶段，我国实行计划经济体制，相应地，能源工业建立了以高度集中、垂直管理、政府行政性协调为特征的计划管理体制。在政府管理机构方面，1949 年我国成立了燃料工业部，下设煤炭管理总局、石油管理总局和电力管理总局，随着石油、煤炭、电力产业迅速发展，三个机构逐步演变为煤炭工业部、石油化学工业部、水利电力部，主管能源供应。在中央与地方关系方面，能源工业的行政管理权历经多次“下放”和“上收”，其中电力工业的行业管理经历 4 次改革，形成了以中央管理为主，大区电业管理局分片管理的体制；煤炭工业基本确定了煤炭工业部、省煤炭工业局、矿务局三级管理体制。在生产经营方面，以公有制为基础，国家对能源产业进行垄断经营，国有经济以外的其他所有制经济禁止进入能源生产与输送领域。

在计划经济管理体制下，能源供应能力得到了长足发展，实现了能源的自给自足和供需的紧平衡，基本保障了经济发展对能源的需求。1952 年，我国一次能源供应总量仅为 5400 万吨标准煤，人均仅为 0.08 吨标准

煤。到 1977 年，我国一次能源供应总量已增至 5.7 亿吨标准煤，人均增至 0.54 吨标准煤。1952—1977 年，我国一次能源供应量年均增长高达 10.0%，人均增长近 6 倍。

第二阶段（1978 年改革开放至今），从高度计划的能源管理体制逐步向中国特色社会主义市场经济下的能源治理方式转型，推动建立了世界最大、具备一定国际竞争力的完整能源工业体系。

改革开放以来，伴随着中国特色社会主义市场经济的不断发展，高度计划的能源管理体制逐步松动瓦解。20 世纪 80 年代，能源产业开始实施“体制外”的增量改革，行业准入限制开始放松，价格“双轨制”打破了计划经济的体制框架，进行了市场经济体制的改革探索。进入 20 世纪 90 年代，为适应中国特色社会主义市场经济体制的要求，我国实施了“政企分开”改革，政府能源管理由原国家经贸委、原国家计委、财政部等部门负责，煤炭、电力、油气等领域的国有公司承担市场主体职能。21 世纪以来，随着我国加入世界贸易组织（World Trade Organization，WTO），能源市场开放程度不断加深，适应中国特色社会主义市场经济建设要求的能源治理方式改革进程加速，从政府管理、市场建设和市场秩序、社会治理等多方面开展了积极探索，取得了显著成效，具备了现代化治理雏形，有力地支撑了能源工业完整体系的建设。

第一，政府能源管理逐步向市场经济条件下的治理方式转型，高度计划的项目审批制不断弱化，宏观能源管理和监管职能逐步加强。首先，政企分开，政府从经营中直接退出，同时逐步减少直接干预项目投资的审批行为，特别是党的十八大以来我国大幅取消和下放能源投资项目行政审批事项，行政审批制度改革取得了明显成效。其次，能源宏观管理能力不断提升。2010 年国家能源委员会成立，搭建了能源重大问题的高层议事平台，重大能源问题的决策能力显著提升。同时，由国家发展改革委、国家能源局主导的能源发展规划体系基本形成，能源产业发展、节能减排政策陆续出台，能源行业标准体系不断完善。最后，随着市场经济建设进程加快，加强政府监管成为维护市场秩序的重要举措。2002 年国家电力监管委员会成立，履行全国电力监管职责；2013 年国家电力监管委员会撤销，相关职能并入国家能源局，同时加强了对石油、天然气等领域的监管职能，能源主管部门的监管职能显著增强。

第二，“看不见的手”在引导能源市场秩序上日渐发挥重要作用。首先，也是最重要的，改革开放以来，我国能源领域围绕市场化改革，能源行业逐步实现了政企分开，确定了企业的市场主体地位，努力培育形成多元竞争的市场格局，微观主体行为逐步被纳入市场机制轨道下。其中，煤炭企业逐步建立和完善现代企业制度，成为竞争性市场主体；电力体制改革不断深化，电力市场建设、交易机构组建、发用电计划放开、售电侧和输配电价改革加快实施，发电侧形成了多元办电的竞争格局，售电侧竞争格局加快培育；油气体制改革稳步推进，上游资源勘探开发、油气进出口、终端销售市场开放程度逐步提高，竞争格局逐渐形成。其次，能源领域进一步向民间资本开放，能源投资逐步多元化。其中，可再生能源等诸多领域非公经济比例较高；传统能源行业加快推动混合所有制改革，逐步提升民间资本占比。最后，能源行业准入、能源投资以及能源供需市场竞争机制不断培育和发展，市场配置资源的作用日益增强，反过来促使能源微观主体不断规范自身行为，共同推动我国能源行业健康有序发展。

第三，能源社会治理力量不断兴起。一方面，官方行业组织对能源社会治理的参与度越来越高，现阶段参与我国能源社会治理的官方行业组织主要有中国煤炭工业协会、中国电力企业联合会、中国石油和化学工业联合会、中国能源研究会等，这些协会组织普遍是政府通过行政手段自上而下地培育成立，通过分解和剥离政府行业主管部门的职能，借助政府的力量得以建立的机构。它们不仅具有行业利益代表者的社会组织职能，也具有完成党和政府权力和管理延伸而授权的部分职能，且这部分职能已日益巩固。另一方面，随着我国能源市场化改革的不断推进，以非公经济行业组织为代表的其他社会组织参与能源社会治理的作用逐渐凸显。现阶段参与我国能源社会治理的社会组织主要有全联新能源商会、北京能源协会等。此外，公民和社区参与能源社会治理的渠道不断拓宽，公民可以个人身份参加有关能源社会治理的听证会、座谈会，利用各种信息传递与反馈渠道反映诉求，为能源社会治理建言献策；社区通过宣传教育和组织志愿活动等，使能源社会治理工作在基层得到巩固和发展。

能源治理方式的不断变革和探索，有力解放了能源生产力，释放了能源经济发展活力，推动建立了世界上规模最大、具备一定国际竞争力的完整能源工业体系。近40年来，我国煤炭、石油、天然气、电力、可再生能源等各领域全面发展，能源生产总量包括煤炭产量、电力装机规模和发电量，特别是水电、风电、光伏发电量均居世界第一，长期以来的保供压力基本缓解，能源清洁化步伐也在加快。能源效率大幅提升，能源强度较改革开放初期下降了近80%，煤电超低排放改造全面启动，油品质量不断升级，散煤治理力度也在加强。能源科技装备水平大幅提升，千万吨级煤炭综采、三次采油和复杂区块油气开发、单机容量80万千瓦水轮机组、百万千瓦超超临界燃煤发电机组、特高压输电等一批技术装备达到世界领先水平。能源产业国际竞争力不断提高，电力、油气、可再生能源和煤炭等领域技术、装备和服务“走出去”成效显著，核电国际合作迈开新步伐。我国对国际能源市场以及国际事务的影响力逐步增强。

（二）存在的问题

改革开放以来，尽管我国以“培育市场主体，发挥市场在资源配置中的决定性作用”为主线，在简政放权、企业制度、价格体制、投融资管理体制、对外贸易体制、监管体系建设等方面进行了一系列改革，在市场经济建设和国家宏观调控的结合和平衡中前行，特别是在“十三五”期间，加大简政放权力度，着重对污染物总量控制及煤电规模、煤炭去产能等进行宏观调控，取得了积极成效，但与治理现代化的要求相去甚远，突出表现在以下几个方面：

第一，国家能源治理体系中，政府与市场的边界仍未厘清，政府管制计划色彩强、市场有序引导作用弱。长期以来，我国将能源作为重要的战略资源和特殊商品加以管理。相较于社会主义市场经济建设进程，能源领域计划经济思维模式根深蒂固，现代市场体系下政府与市场的分工边界不清晰，“看不见的手”在引导微观主体行为有序调整、维护市场秩序方面作用有限，政府对能源价格管制较强，市场决定能源价格机制尚未形成。目前，政府对油气和电力等进行定价，对煤炭价格也有较多管制，导致能源价格既不能反映资源的稀缺性和环境的外部成本，又不能及时反映市场供求变化，价格信号无法合理引导能源企业的投资行为，进而导致煤电矛盾长期不能有效化解、天然气区域性时段性紧张时有发生。“十三五”以来，政府“放管服”力度加大，一些能源项目的投资审批权下放，但是，很多只是从中央政府下放到省级政府，并未真正交由市场。投资审批权的下放尽管在一定程度上激发了市场活力，但也带来区域间同质化竞争加剧、朝阳行业产能纷纷过剩问题，或者导致夕阳产业不约而同退出，使短期能源供应短缺风险加剧。

第二，政府能源宏观治理能力亟待进一步加强。作为我国国家能源战略的重要制定者和主要执行者，国家能源局仅负责能源生产侧管理。能源消费、大气污染治理、应对气候变化与能源生产在业务上紧密关联，目前缺乏综合管理机构统筹能源供应侧和消费侧政策，统筹能源、环境及应对气候变化问题，导致诸多问题难以协调推进。目前从国家层面已经制定了“四个革命，一个合作”和“构建清洁低碳、安全高效能源体系”的能源发展战略，同时也制定了综合能源发展规划、分领域能源发展规划、地方能源发展规划等，但由于缺乏体系化架构和执行管理机制，导致对能源发展的指导性被削弱，各类能源发展规划的实施效果也难达预期。更严重的是，战略规划时常让步于项目审批，当全国能源供需平衡、区域间产需协调、上下游供需衔接等方面出现问题时，往往暂停或加快项目审批、强制企业退出等，从而很可能加剧供需矛盾，在一定程度上使党中央、国务院关于国家能源发展的战略意图没能得到有效落实。

第三，我国能源治理体系与国际结合得不够，不适应新时代新要求。随着我国成为世界第一大能源进口国，深化能源国际合作、提升国际能源治理话语权、保障国家能源安全成为新时代我国能源革命战略的重要内容，加之国际能源治理秩序也正加速重构，对我国融入、参与甚至影响全球能源治理体系变革提出了新要求。尽管能源贸易量巨大，但目前我国能源治理体系仍相对“封闭”，突出表现如下：商品进出口、投资领域行政壁垒严重，管制较多；国内石油期货交易仍以燃料油交易为主，规模小、品种单一，原油期货交易尚处于前期准备阶段；天然气交易中心建设刚刚起步，对国际油气价格没有形成与进口地位相匹配的影响力。我国也没有加入国际能源署（IEA）、能源宪章组织等国际能源治理组织，政府能源管理部门与国际能源治理组织、主要国家能源管理部门等互动不足，特别是多边交流合作少，在国际能源治理体系中的话语权很低。因此，在新时代新要求下，必须尽快打破我国能源治理体系国际国内“两张皮”的状况，积极与国际对接合作，以开放促进国内能源治理体系改革，以开放参与国际能源治理体系变革。

第四，能源治理领域存在诸多老大难问题，短板明显。一是能源监管缺位、错位、不到位问题突出。政府能源监管职能分散在国家发展改革委、国家能源局、商务部等部门，协调成本高，往往是管价格的管不了成本，管成本的管不了投资和服务质量，管市场的又管不了价格，从而容易造成监管不到位或存在监管漏洞。对市场运行、公平接入、普遍服务、投资者及消费者保护等监管，对电网、天然气管线、热力管线等监管，对各地区和重点用能企业节能工作的监察均存在不足。二是政府能源管理缺乏法律法规授权。目前我国能源立法严重滞后，法治体系还远不够健全，特别是综合性、全局性、战略性的能源问题长期依靠政府各部门的行政协调来解决，缺乏基本法律授权。能源管理实践中一些行之有效的成熟政策也不能及时上升为法律和行政法规。现有的部分能源法律法规无法适应实践中的发展变化，在某些方面限制和阻碍了行业发展，或者与生态文明建设、全球能源治理等要求不够匹配，亟待修订和完善。三是政府在能源信息统计方面的统筹力度和基础投入不足，行业统计分析由中国煤炭工业协会、中国电力企业联合会、中国石油和化学工业协会等行业协会和国家电网、中国石油、中国石化等大型国有企业分别承担，权威性和综合性不够。

三、“十四五”时期深化能源治理方式改革的必要性和紧迫性

（一）推动国家治理现代化是新时代一项重大任务

改革开放40多年来，我国取得了举世瞩目的成就，成功摆脱了贫困，总体上实现了小康。中国共产党第十九次全国代表大会正式宣告中国特色社会主义进入新时代，我国社会主要矛盾已经转化为人民日益增长的美好生活需要和不平衡不充分的发展之间的矛盾。未来30余年，要在决胜全面建成小康社会基础上，初步建成社会主义现代化国家，21世纪中叶建设成为社会主义现代化强国。

实现这一伟大目标的关键是坚持全面深化改革，推动国家治理体系和治理能力现代化。国家治理体系和治理能力是一个国家制度和制度执行能力的集中体现，是一个国家的治理水平和综合实力的重要标志。当前，我国国家治理体系和治理能力与新时代要求仍有较大差距。习近平总书记强调，必须适应时代前进潮流和国家现代化总进程，既要改革不适应实践发展要求的体制机制、法律法规，使各方面制度更加科学、更加完善，实现

党、国家、社会各项事务治理制度化、规范化、程序化，又要更加注重治理能力建设，提高党科学执政、民主执政、依法执政水平，提高国家机构履职能力，提高人民群众依法管理国家事务、经济社会文化事务、自身事务的能力，从而把各方面制度优势转化为治理国家的总体效能。

（二）国家治理现代化对能源治理方式提出新要求

能源治理是国家治理的重要组成部分。我国能源发展中的各种问题与障碍，一定程度上与能源治理方式不够先进和能源治理能力不足有关。总体上看，我国能源治理方式滞后于国家治理现代化进程。推动国家治理体系和治理能力现代化，势必要求我国能源治理体系深化改革、全面优化。

一是完善现代能源治理体系。必须按照中国特色社会主义制度建设要求，加快建立由政府、市场和社会全面协同参与能源治理的现代制度体系，使党中央、国务院有效决策能源发展战略，使国家机构正确履行能源管理职责，使市场主体依法自主协调能源生产、输配和消费，使广大人民群众和各类社会组织共同参与能源治理事务。

二是全面提升能源治理能力。必须按照国家治理能力现代化要求，加快提升政府管理水平，补齐政府监管短板，建设现代能源市场，培育和发展社会组织，补足市场治理和社会治理的短板。

三是将能源治理纳入法治轨道。必须按照中国特色社会主义法治体系建设要求，系统构建能源法律法规体系，有法可依、有法必依，让政府依法管理和依法监管，让市场主体依法履约，让广大群众和社会组织依法监督。

四是更好服务能源革命和国家现代化进程。必须充分发挥能源治理的规范和保障作用，加快现代能源治理方式，有力支撑能源生产和消费革命战略的实施，推动清洁低碳、安全高效的能源体系构建，助力美丽中国建设，进而推动社会主义现代化强国目标实现。

（三）实现绿色低碳发展需要能源治理方式变革予以支撑

经历了40多年的快速发展，我国成为世界第二大经济体，经济发展开始步入新常态，能源发展也呈现“低增速、低增量、低碳化”新特征，但又面临“更严的资源约束、更严的生态环境约束、更严的应对气候变化约束”，必须加快转型变革。迈向新时代，面对新要求，适应并引领经济发展新常态，促进生态文明建设，推动能源生产和消费革命，成为我国能源转型发展的核心要务。

第一，适应经济社会发展新常态的需要。随着我国经济发展进入新常态，经济发展速度不断趋缓，发展更加偏重质量效益，能源发展必须相应调整。一方面，能源需求进入低增速、低增量新阶段，必须加快推进供给侧结构性改革，推动能源更加经济、高效发展；另一方面，着眼于现代化建设目标，未来我国能源需求还有较大的增长空间，必须做好统筹谋划，为经济发展提供安全充足的能源保障。为此，必须兼顾当前和长远，合理规划能源发展节奏和布局，以更加经济合理、安全、高效的方式保障中长期经济社会发展。

第二，强化大气污染治理。我国SO_2、NO_x、烟粉尘、人为源大气汞排放以及可吸入颗粒物长期高居世界首位，绝大部分来自化石能源燃烧。特别是2013年以来全国大部分地区出现的高强度、大面积雾霾现象，污染面积之大、持续时间之长、影响人群之广，前所未有。诸多研究表明，煤炭消费对我国$PM_{2.5}$的影响占比为50%~60%，石化和交通燃油也导致了大量细颗粒物排放。大气污染已成为全面建成小康社会和基本实现现代化的突出短板。强化大气污染治理，必须加快能源发展转型，既要推动煤炭、石油清洁高效利用，更要加大清洁能源发展和替代力度，实现能源与环境和谐发展。

第三，加强区域生态修复。长时间、高强度的能源资源开发导致了诸多严重的生态环境灾害，其中高强度的煤炭资源开发严重破坏了矿区及周边地区的生态环境。石油天然气资源过度开发是我国华北地区地下水形成“漏斗”的原因之一，水能资源的高强度开发严重改变了江河湖生态关系，核能开发也存在隐患。随着生态文明建设加快推进，推动能源与区域生态系统相互协调发展将成为重中之重，能源发展必须更多地基于生态环境承载力标准，科学地确定生产规模和开发布局，同时也要提升清洁开发水平，建设绿色和谐生产基地，走生态友好型发展道路。

第四，积极应对全球气候变化。共同应对气候变化已成为全球共识。联合国气候变化大会上达成的《巴黎协定》提出了新的更高要求，明确21世纪下半叶实现全球温室气体排放和吸收相平衡的目标。2016年，我国已加入《巴黎协定》，承诺到2030年达到碳排放峰值并力争尽早实现。我国化石能源消费对温室气体排放的影响超过80%。积极应对气候变化，更加主动地控制碳排放，意味着我国必须坚决控制化石能源总量，优化能源结构，推动能源低碳发展。

（四）世界能源治理机制重构为我国提供良好契机和有益借鉴

当前和今后一段时期，随着世界经济与秩序不断调整，加之新技术革命与新一轮能源变革兴起，世界能源发展进入大调整、大转型、大变革时期，推动人类社会从工业文明迈向生态文明。相应地，全球及主要经济体的能源治理机制也在不断加快转型变革。

第一，全球能源治理体系正加速重构。随着北美页岩油气革命性突破，能源需求格局“东移”、供应格局“西移”，市场力量此消彼长，石油输出国组织、国际能源署等传统治理机构努力寻求转型，以保持在国际治理体系中的影响力。新兴经济体主导的能源治理机制将不断创生，如亚投行、金砖国家银行等，使发展中经济体的话语权与市场份额逐步匹配。二十国集团等多边组织也在发挥积极作用，有望在未来进一步引领全球能源治理变革。

第二，世界绿色低碳发展框架机制正逐步形成。在人类共同应对全球气候变化大背景下，多边的绿色低碳发展组织和平台相继成立，主导并推动世界绿色低碳发展转型。其中以联合国气候变化框架公约秘书处（United Nations Framework Convention on Climate Change Secretariat，UNFCCC Secretariat，1994 年生效）、清洁能源部长级会议机制（Clean Energy Ministerial，CEM，2009 年成立）、国际可再生能源机构（International Renewable Energy Agency，IRENA，2009 年成立）、全球碳捕集与封存机构（Global Carbon Capture and Storage Institute，GCCSI，2009 年成立）等为代表。世界主要经济体也纷纷组建相关机构或专门委员会，制定绿色低碳转型战略。例如，欧洲委员会提出了“气候与能源政策框架”（2020—2030），并计划建立一个新的管理体系；日本出台《2030 年能源战略》，建立促进可再生能源发展的阁僚联席会议机制，在强化政府指挥作用的同时，促进相关省厅之间的合作。

总的来看，“十四五”时期是我国全面融入全球绿色低碳发展潮流的关键时期，也是我国谋求在未来全球能源治理中发挥重要作用的起步阶段。

四、“十四五”时期深化能源治理方式改革的基本思路和阶段性目标

（一）基本思路

全面贯彻党的十九大精神，以习近平新时代中国特色社会主义思想为指导，统筹推进“五位一体”总体布局，协调推进“四个全面”战略布局，坚定不移贯彻创新、协调、绿色、开放、共享的发展理念，紧扣新时代我国社会主要矛盾变化，解放思想，改革创新，与国家治理现代化要求相适应，与能源生产和消费革命战略相契合，按照有为政府、有效市场、有机社会要求，构建责权利明晰、依法依规、全社会共同参与的现代化能源治理方式，深化政府能源管理方式改革创新和监管体系建设，培育发展现代能源市场体系和有效竞争的良好市场秩序，推动广大社会主体积极有

序参与国家能源治理，建立健全现代能源法律法规体系，助推能源生产和消费革命，保障清洁低碳、安全高效的能源体系建设，为全面建设社会主义现代化国家，建成美丽中国、实现中华民族伟大复兴中国梦提供坚强保障。

深化能源治理方式改革，关键是做好四个坚持：

第一，坚持以市场机制为导向。发挥市场在资源配置中的决定性作用，还原能源商品属性，遵循市场经济规律、能源行业发展规律，强化市场自主调节，让广大市场主体有序参与市场竞争与合作。

第二，坚持更好发挥政府作用。发挥好政府“有形之手”作用，加强基础制度建设，全面提升治理能力，做好长远战略谋划和精准科学调控，强化监督监管，维护好市场秩序，推进能源治理方式现代化。

第三，坚持依托社会组织力量。发挥“第三方”社会组织作为政府与市场间的润滑剂作用，培育和发展社会组织，引导和保障公众参与，激发社会组织和广大群众的社会责任感和参与能源治理的主动性。

第四，坚持依法依规开展治理。贯彻全面依法治国要求，加快补齐能源法律法规建设短板，将能源治理纳入法治轨道，规范和约束政府、市场、社会等各类主体参与能源治理的行为。

深化能源治理方式改革，核心是构建五大治理体系：

第一，建立权责清晰、能力适应的政府能源管理体系，健全能源管理机构和职能，强化能源宏观战略管理，厘清与产业、市场相关的管理边界。

第二，建立权威高效、相对独立的能源监管体系，完善能源监管职能，健全覆盖能源全系统、全产业链和全部市场活动的监管机制。

第三，建立统一开放、竞争有序的现代能源市场体系，充分发挥市场配置资源的决定性作用，健全有效竞争的良好市场秩序，让“看不见的手”有效引导市场主体行为。

第四，建立广泛参与、人人监督的能源社会治理体系，大力培育各类中介组织，有效引导能源市场参与者诚信自律、履行社会责任等。

第五，建立引导绿色低碳安全高效发展、保障国家能源安全的现代能源法律法规体系，增强依法依规管理能源的能力并扩大覆盖范围，规范政府、市场、社会的行为。

（二）阶段性目标

到 2025 年，政府能源管理体系得以理顺，中央各部门间、中央与地方间政令畅通、衔接紧密；主要以市场决定能源价格的机制得以实现，初步建成全国统一、竞争开放、现代化的电力、油气市场；能源国有企业市场化改革深入推进，现代公司治理机制在国有企业生根发芽，国有经济活力不断增强。

到 2035 年，现代能源法律法规体系趋于完备，政府能源管理更加科学，现代监管体系更加高效，现代能源市场体系更加成熟，社会组织及广大群众参与能源治理的良好局面全面形成，基本实现能源治理方式现代化。

五、“十四五”时期深化能源治理方式改革的重点

（一）推动政府能源管理现代化

实现能源在国民经济各部门和不同代际之间的有效配置，达到社会经济可持续发展的目的，关键是划清政府与市场的边界，处理好政府管理与市场竞争的关系。基本原则是科学界定竞争性业务和非竞争性业务，属于竞争性领域的完全放给市场，引入多元市场主体，扩大对外开放，让供求关系决定价格，通过竞争优化资源配置，由契约规范交易；属于非竞争性领域的要实现公平接入、提高服务水平，通过政府管理对市场失灵领域履行宏观管理、市场监管和公共服务职能。

第一，进一步明晰政府能源管理职责。当前的改革重点是设立“权力清单”“负面清单”“责任清单”三张清单，划清政府与市场边界，有效为政府“瘦身”，推进简政放权、放管结合、优化服务。通过“权力清单”，把政府能干什么清清楚楚、详详细细地列出来，做到“法无授权不可为”。“权力清单”除包括原有的行政审批事项外，还应为行政处罚、收费等其他政府权力的行使设定清单，明确权力边界和各级政府与各部门的职责，建立有效的政府责任追究机制。通过“负面清单”，明确哪些方面不可为，外资或民营资本只要不触及这些底线即可进入，做到“法无明文禁止即可为”。通过“责任清单”，用法律和制度把责任明确细化到政府的每个行为主体，把政府责任贯穿市场运行全过程，推动政府主动作为，实现“法定责任必须为”。

第二，用好法律规制、战略规划和财税政策三大工具以提高管理效能。在当前进一步转变政府职能，深入推进简政放权、放管结合、优化服务改革的大背景下，继续扩大行政手段的运用将面临重大挑战和障碍。按照现代政府的建设方向，未来需要将原来通过行政手段实现的管理功能逐步转移到通过法律规制、战略规划和财税政策三大政策工具来实现。其中，以往行政手段中强制性、约束性、普适性的内容要转移到法律规制中去，通过法律规制予以明确，依法开展能源管理；行政手段中长期性、方向性的内容要转移到战略规划中去，通过相对稳定、明确的战略规划引导市场预期和企业行为；行政手段中调节市场主体利益关系和格局、建立长效的激励约束机制等内容要转移到财税政策中去，通过经济政策激发市场主体的内生动力和活力，推动市场运行与国家战略目标的结合。保留的行政手段一般应在能源管理核心目标的实现遇到重大障碍和挑战的情况下，用于临时性的市场干预和调节，但也要注意不能滥用。

第三，推动政府能源治理与能源市场体系建设相衔接。按照“充分发挥市场在资源配置中的决定性作用，更好发挥政府作用”要求，推动政府进行能源治理变革，真正与能源市场体系建设有机融合。新发展理念下，政府既要保持战略定力，坚定不移推动能源绿色低碳转型，又要与市场更好衔接，不是通过产业政策和重大项目投资，而是更多地运用经济手段，有效激励和引导市场主体共同实现国家战略规划目标。专项规划、产业政策、调控政策等要有酝酿期，要引导社会公众积极参与，充分考虑市场主体情况。继续深化放管服改革，加强与企业多层级沟通，把政府调控意图与企业自主经营有机融合。

第四，做好利益协调，推动不同主体在能源发展战略方向上发挥合力。首先，处理好能源综合管理部门与政府其他职能部门及专业化监管机构之间的关系。改革的基本思路是采用相对集中管理的原则，减少部门间的职能交叉。要通过法律形式将部门的管理权限、职能界定清楚，明确管理边界；能源管理应按照统一管理、合理分工、协同配合、各司其职的原则实施；各部门的管理目标和政策取向应保持一致，形成部门间的合力，产生协同效应。其次，处理好中央与地方的关系。由于中央与地方在具体目标和政策取向等方面存在一定差异性，因此在能源管理权责配置时应形成激励相容机制，明确中央政府与地方各级政府的责任，同时辅以相应的权力和资源。一方面，中央政府的能源综合管理部门承担全国能源管理工作，要切实采取对策，推动能源的可持续发展，不能将责任简单地下移地方；另一方面，地方政府能源管理部门要落实责任制，进行属地化管理，发挥地方积极性，实施因地制宜的能源管理。最后，处理好不同区域、不同行业间的关系。未来需要适应跨省（区、市）能源配置需求减弱的新趋势，处理好能源就地平衡与跨区供应的关系，用市场机制协调电力送、受双方利益，发挥比较优势，实现互利共赢；以供需双方自主衔接为基础，合理优化配置能源资源，处理好清洁能源充分消纳战略与区域间利益平衡的关系。

（二）健全现代能源监管体系

我国能源监管体系改革的总体方针是：建立全方位覆盖能源领域各个环节的监管体系，把监管落实到能源生产过程中，进行专业化、精细化监管。具体包括以下几个方面：

一是从全社会的角度出发，建立全方位监管模式。首先，要进行全行业监管，对油气、可再生能源建立与电力、煤炭监管相一致的监管体系；其次，要进行全产业链监管，在能源生产、输送、配售等关键环节进行监管。

二是强调事中监管，要将各类能源的生产安全列入监管范围，从行业准入资格的审查到设施安全、日常检查制度、监管的连续性等，都要认真对待。在生产运营中解决非重大安全事故。

三是建设有力、专业的监管队伍。与监管经验丰富的电力、煤炭行业相比，油气、可再生能源、能源清洁高效利用等方面的监管长期缺失，既缺少专业人才，也没有专项监管机构，需要分行业建立科学、高效的监管体系。

考虑到我国现行政府管理体制，能源市场机制尚未完全建立，政府的改革目标应先专注于建立现代能源市场体系。在现有条件下，可以选择“分段分级”监管，细分监管领域，明确监管职能，增强监管的技术性，提高监管效率。在监管能力建设上，建议进一步加强依法监管，创新有利于能源行业健康发展的监管方式，对监管进行管理，完善监管报告制度。

第一，加强依法监管。严格依法依规开展监管，强化依法监管意识，提高能源监管机构工作人员的法律法规意识，提高监管能力。监管工作人员要敢于并善于依法开展监督业务，提高能源法律法规的执行力。同时，可以借鉴美国《行政程序法》，在部门内部完善复议制度，建立独立、公正和透明的裁决程序，保证依法监管的严肃性和权威性。

第二，创新监管方式。运用科技工具进行监管，监测能源运行情况，运用信息采集、大数据、“互联网+监管”等技术手段建立常态化监管机制，建立责任追溯制度，提升能源监管效能。引入第三方监督机制，建立第三方评估机制，发挥社会各方面的监督作用，将社会监督作为监管的重要工具，将监督情况及时反馈到能源规划、政策、标准、审批、监管等环节。

第三，对监管行为进行管理。设立独立部门或邀请第三方机构对监管机构的监管行为进行“事前、事中、事后”监督，对监管效果进行科学评估，对监管制度干预市场是否正当、监管机构是否依法监管、监管是否产生实际成效进行评价，并提出改进措施。

第四，完善监管报告制度。向社会公开发布监管报告，使监督报告成为能源监管的重要抓手。通过发布报告，披露监管信息，增加监管工作的透明度。同时，将监管报告作为拟定规划、制定政策的重要参考，向相关管理部门及时反馈监管存在的问题，使监管发挥更加积极主动的作用。

（三）以深化电力、油气体制改革为抓手加快构建能源市场体系

“十四五”期间，应围绕“产权有效激励、要素自由流动、价格反应灵活、竞争公平有序、企业优胜劣汰”的总体要求，继续把电力、油气体制改革作为能源市场体系建设重中之重，完善能源产权制度和能源要素市场化配置，建立健全公平竞争市场环境，辅之以能源信息公开发布机制，初步构建竞争充分高效、信息准确完备、预期引导有效的现代能源市场体系，从而让市场真正发挥配置能源资源的决定性作用。

第一，以建立统一开放的电力市场为核心，深化电力体制改革。当前以省（区、市）为主体构建电力市场，易形成“地方政府审批—地方国有企业壮大火电投资—省级电力市场壁垒”格局，不利于资源的大范围配置，不利于清洁能源的更多消纳。“十四五”期间应按照“三年建成区域市场，五年建成全国市场”的步骤，着力推动区域和全国电力市场建设，充分发挥区域级电力调度职能和跨省（区、市）联络线调剂作用，建立省际调峰资源和备用的共享机制，在更大范围内优化电力资源配置。同时，深化电力价格形成机制改革，建立通过市场化招标方式确定新能源发电价

格的机制，形成竞争性的、市场定价的辅助服务价格体系，研究有利于储能发展的价格机制，通过配电网放开和电力售电侧改革完善电力市场交易机制，逐步形成实时价格机制。进一步推进电网独立核算、独立运营，建立健全以“准许成本+合理收益”为核心、约束与激励相结合的电网输电定价制度，建立健全电网有效投资认定和审查办法。

第二，以扩大各环节竞争程度为目标加快油气体制改革。在上游资源勘探开发环节，充分利用经济手段有效遏制“圈而不探”，盘活探矿权存量。在中游管网输送环节，完善管网公平接入机制和投融资机制，实现管输和销售分开，保障公平接入；创新管道项目投融资机制，拓宽投融资渠道，鼓励采取公开招标方式引入其他参股管道项目。在油气加工环节，完善油气加工、流通环节准入和淘汰机制。制定更加严格的质量、安全、环保和能耗等方面技术指标，加强税收、质量、安全和环保监管，鼓励油气加工企业向集约化、规模化、精细化方向发展，通过市场竞争实现优胜劣汰。在下游销售环节，允许更多相关方参与批发和零售环节业务。在进出口环节，完善油气进出口管理制度，允许符合资质的各类原油加工企业使用进口原油，支持各类企业积极开拓国际天然气市场。

第三，构建有效引导市场预期的能源信息发布机制。依托现有统计力量，构建全社会能源信息大数据平台，及时公开发布各类权威能源市场信息。鼓励各类行业协会、社会组织等数据信息接入，建立信息分享、甄别机制，提高能源信息传播效率和质量。基于各能源期货、现货交易中心数据，构建全面的能源市场指数，向全社会及时发布，引导市场预期。

（四）深化能源国有企业治理改革

结合我国国情，特别是依据《能源生产和消费革命战略（2016—2030）》和党的十九大提出的新形势、新要求，能源国有企业现代化治理应坚持以下原则：一是确保能源供应安全稳定，二是打破不必要环节的垄断，三是加大非国有资本和行业外资本的引入力度，四是避免国有资产的流失，五是加强政府监管和控制。具体从以下方面入手：

第一，全面推进能源国有企业“政企分开”，进一步剥离企业行政职能。全面推进能源企业“政企分开”。能源属于公共事业，许多领域具有垄断性，部分企业仍存在行使政府职能的情况。在明晰产权的基础上，应坚持对能源企业实施国家所有、分级管理、授权经营、分工监督。政府应减少或不能再用行政管理的方法使国有能源企业运行行政化，对企业的管理方式应由管企业转向管资本。例如，山西省 2017 年 7 月 31 日挂牌成立国有资本投资运营有限公司，由政府直接授权，履行出资人职责，推动国有资产管理体制从“管资产”向“管资本”转变迈出实质性步伐。同时，企业应明确定位、自主经营，“不要权、不越权”，特别是像国家电网、中国石油、中国石化等国有能源企业，应避免过多参与政府相关事务。

第二，理顺国有能源企业产权关系，确定企业自主性市场经营地位。加快落实《改革国有资本授权经营体制方案》，理顺能源国有企业产权关系，明确企业出资人与企业经营者的责权利边界，从而真正确定能源国有企业的自主性市场经营地位。首先，理顺国有能源企业产权关系，处理好国家所有权与企业法人财产权的关系。国家是国有能源企业财产所有权的唯一主体，拥有对企业财产的最终支配权，但政府和监督机构不得直接经营或支配企业的法人财产。企业拥有独立行使的法人财产权，并以其全部法人财产承担民事责任。其次，明确产权关系上的自负盈亏责任。21 世纪初，国有企业的自负盈亏主要限于收入分配上，在产权关系上仍有许多亏损企业把债务包袱推给国家或者拖欠其他企业的债务，国家实际上为企业承担着无限责任。产权制度改革是要在产权关系上明确企业承担的债务责任和破产责任。当企业破产时，国家只以投入企业的资本额为限承担有限责任。因此，应通过全面明确能源企业的权、责、利，提升企业运营的活力和责任心。

第三，引入社会资本涉足自然垄断环节，推进混合所有制。我国少油贫气，为增强国际油气资源的获取能力，油气企业将进一步扩大规模和业务范围，在坚持运营主体以国有企业为主的情况下，进口、勘探开发、冶炼等环节应更多引入社会资本，探索混合所有制，逐渐形成国有资本带动社会资本取长补短、共同发展和增值，利用资本运转方式理顺国内油气上游产业的运行机制，不断增强我国油气行业整体软实力。此外，国有企业要带领社会和民营资本一起开拓“走出去”渠道。从保障中长期能源供应安全的角度来看，坚持“走出去”，到全球购买油气资源是重要的必选项。除了三大石油公司在海外持续并购油气资源，民营资本也开始进入这一领域。随着越来越多的国内资本进入海外油气并购领域，经验丰富的中央企业应该主动担当起“带头大哥”的角色，带领好、利用好广泛的社会资本共同开展海外并购，切实落实国家安全战略。

（五）完善现代能源法律法规体系

贯彻落实《能源生产和消费革命战略（2016—2030）》要求，以能源法治平衡各方利益，以能源法治凝聚能源改革共识，坚持在法治下推进改革、在改革中完善法治。为此，需要构建并系统完善符合我国国情的现代能源法律法规体系，发挥法律、法规、制度与政策的引导作用，联合各界相关方有效促进能源发展。

第一，加快制定石油、天然气、原子能等单行法。我国应通过石油、天然气、原子能等领域的立法，逐步完善能源行业的法律体系，主要包括监管、战略储备、价格和税收、金融和期货交易制度等。尽快制定石油法、天然气法、管道设施保护法、能源市场监管法，规范石油、天然气开采秩序，防止产业垄断，保护油田和基础设施的安全和市场准入等，促进石油、天然气工业的发展。在不断增强《可再生能源法》可操作性和约束力的基础上，适时制定太阳能法、风能法、生物能法等可再生资源的单行法，制定、实施《可再生能源法》配套的行政法规、技术规范及规划，各地也要根据当地的实际情况制定有关的地方性法规，以进一步促进可再生能源的开发利用。

第二，实施修订完善现行能源单行法。现行能源单行法有《电力法》《矿产资源法》《煤炭法》《节约能源法》等，部分内容已不符合改革和发展的需要，必须进行修订和完善。按照《中共中央、国务院关于进一步深化电力体制改革的若干意见》（中发〔2015〕9号）确定的改革方向，抓紧修订《电力法》，同步完善《电网调度管理条例》《电力供应与使用条例》等配套法规，充分体现电力市场不同利益主体，发电、电网、售电不同环节的责权利，促进电力市场建设以及电力工业的协调发展。修订《矿产资源法》和《煤炭法》，健全煤炭矿区环境保护和安全的法律、法规，实施更加严格的环保政策，制止浪费资源的行为，提高资源回收率。此外，加快推进煤炭油气绿色开采、海洋油气管道保护、核电安全管理等相关法律法规的修订工作，使能源领域生态文明建设法治化。

第三，强化升级节能环保等一系列标准规范。应制定实施最严格的能源节约、生态环境保护标准规范标准体系，提高产业准入能耗、环境标准。加快修订高耗能产品能耗限额标准、终端用能产品能效标准、建筑节能标准和汽车燃油经济性标准等，以及能源全产业链条的水耗、污染物排放标准。实施能效和排污强度“领跑者”制度，加快标准升级。加快建立建筑、工业领域使用可再生能源的标准、设计规范。

（六）推动能源社会治理体系建设

能源社会治理是指在国家、各级政府的主导下，组织和依靠社会公民和城乡社区、协会组织、各类社团组织的力量，通过综合运用政治的、经济的、文化的、教育的、行政的、法律的等手段，对与能源治理相关的各类社会事务进行有效的规范和治理的活动。推进能源社会治理的路径主要包括推进能源社会治理组织积极参与政策的制定与实施，推动能源决策科学民主化；强化能源社会治理组织承接政府职能转移能力建设，促进治理水平提升；协助维护市场秩序，推动市场机制的建立和完善；推动科技创新，推广先进能源技术；加强国际交流与合作，提升能源社会治理国际话语权与影响力。

第一，加强能源社会治理主体的社会责任与公民意识的培养和教育。在全社会倡导节能低碳的责任意识与参与意识，构建符合社会主义核心价值体系的、全民共同参与的能源生产与消费价值观和文化氛围。鼓励公民、社区积极参加与政府及其他社会主体的合作共治，通过宣传、教育、培训的方式提高公众的参与意识和参与能力，集结全社会的力量共同提升国家能源治理能力，推进能源转型。

第二，强化能源社会治理协会组织的行业责任与脱钩改革。在能源社会治理过程中，行业协会组织扮演着引导者、规制者、监管者、协助者的多重角色，必须加强其行业责任意识和公共服务理念，协助政府完成包括能源行业及企业相关法律和政策制定，设定行业可持续发展目标，制定行业减排路线图、企业数据测评标准、行业奖惩等机制，以推动企业履行社会责任等工作。在此过程中，行业协会组织要接受政府的监管。此外，必须进一步大力推进有政府背景的行业协会组织的职能脱钩与市场化改革。政府部门要有效转变观念，下决心厘清行政机关与行业协会组织的职能边界，将行政机关中适合行业协会组织行使的职能采用竞争方式转移给行业协会组织，去除行业协会组织的行政色彩。

第三，扶持以非公经济行业组织为代表的其他能源社会治理组织的发展。以非公经济行业组织为代表的其他社会组织力量在能源社会治理中发挥着不可替代的作用，其推进能源社会治理的主要路径包括行业政策推动、信息咨询与研究，开展国内外行业交流与合作，维护行业权益，帮助解决企业生产经营中的困难与问题。这类组织若想成为能源社会治理的重要组成部分，离不开政府的孵化和培育。政府可以补贴的方式向社会组织从事的某些有利于公共政策的活动或项目给予资金支持，制定相关的税收优惠政策，鼓励银行业、金融机构加大对符合条件的社会组织金融支持的力度，以拓展其发展空间，使其更好地发挥作用。

参考文献

[1] 国务院办公厅．关于印发国家能源局主要职责内设机构和人员编制规定的通知［Z］. 2013-06-09.

[2] 中国国际经济交流中心课题组．中国能源生产与消费革命［M］. 北京：社会科学文献出版社，2014.

[3] 国家发展改革委，国家能源局．能源发展“十三五”规划［Z］. 2016-12-26.

[4] 范必．中国能源政策研究［M］. 北京：中国言实出版社，2013.

[5] 景春梅．加强能源国际合作的思考［J］. 能源，2018（2）：91-94.

[6] 卢延国．推进能源“大监管”的新选择［N］. 中国能源报，2017-08-21（04）.

[7] 邱影．我国能源法律体系研究［D］. 重庆：重庆大学，2011.

[8] 史丹，冯永晟，李雪慧．深化中国能源管理体制改革：问题、目标、思路与改革重点［J］. 中国能源，2013，35（1）：6-11.

[9] 国家发展改革委能源研究所课题组．能源生产和消费革命战略研究［R］. 2016.

[10] 李文华．新时期国家能源发展战略问题研究［D］. 天津：南开大学，2013.

[11] 刘东刚．中国能源监管体制改革研究［D］. 北京：中国政法大学，2011.

[12] 张有生，杨晶，高虎，等．改革取得新进展 能源进入高质量发展的新时代：2017 年能源发展形势和政策建议［J］. 宏观经济管理，2018（2）：31-37.

[13] 王君安，颜永才，易艳春，等．多层次视角下我国能源发展转

型历程、困境与对策［J］. 宏观经济管理，2017（11）：81-88.

［14］国务院办公厅. 关于推广随机抽查规范事中事后监管的通知［Z］. 2015-07-29.

［15］张磊，黄雄. 我国能源管理体制的困境及其立法完善［J］. 南京工业大学学报（社会科学版），2011（1）：59-63.

［16］吴新雄. 适应新常态　落实新举措　努力推动能源生产和消费革命［J］. 宏观经济管理，2015（3）：4-7.

［17］孙庆华. 能源管理体制：由产业管理向宏观战略管理转变［J］. 西部论丛，2008（2）：34-37.

［18］肖兴志. “新常态”下我国能源监管实践反思与监管政策新取向［J］. 价格理论与实践，2015（1）：5-10.

［19］王秀强. 多省能源配置“错位”：计划手段决定资源流向［N］. 21世纪经济报道，2014-07-03（5）.

［20］孟凡君. 解决环境问题　需理顺基础能源比价关系［N］. 中国工业报，2015-11-26（A2）.

［21］李然. 社会组织在社会治理机制中的作用研究［J］. 社会视点，2016（1）：183-184.

［22］张尚宇，王建州. 社会治理的内涵、特征和功能浅析［J］. 胜利油田党校学报，2016，29（5）：64-67.

［23］张博. 社会组织促进治理现代化问题探讨［J］. 理论探讨，2015（4）：39-42.

［24］何剑锋. 社会组织承接政府职能转移的问题、原因及对策［J］. 地方治理研究，2016（2）：12-18.

［25］黄浩明，石忠诚，张曼莉，等. 中国社会组织国际化战略与路径研究［J］. 中国农业大学学报（社会科学版），2014.

［26］孙涛. 以扩大公众参与推进社会治理体制创新［J］. 理论导刊，2015（11）：21-24.

第五章

“十四五”时期能源发展思路和战略重点

“十三五”以来，我国能源发展的主要矛盾已由需求总量快速增长和供应能力不足的矛盾，转变为能源发展是否绿色、人民美好生活需要是否能充分满足的矛盾。“十四五”时期将是世界能源格局持续激烈变动和能源安全备受关注的时期，也是能源绿色低碳转型压力进一步增大的时期。“十四五”时期，我国能源发展将主要面临安全风险、经济风险和绿色风险三大风险挑战，我国的能源发展，在总体思路上要把“绿色”摆在统领地位，统筹兼顾、协调促进“经济”和“安全”，坚持走“绿色统领、优化结构、改革开道、融入全球、防范风险”的能源转型道路。在关键举措上，要真正从严控制化石能源消费，以优化结构为核心进一步深化能源供给侧结构性改革，推动能源集中式与分布式并重发展，大幅降低能源领域非技术性成本，加快建立国家能源安全预警信息系统。在战略重点上，要建立能源绿色发展目标责任体系和制度体系，制定能源保供预案，补足能源安全短板，推动能源消费向低碳化、电气化、智能化升级，大力推进清洁能源发展和传统能源转型升级，着力推动重点区域能源生产和消费革命，以能源技术变革推动创新发展，建立以市场配置能源资源为主的体制机制，以“一带一路”区域为重点，营造“共同安全”能源国际合作新环境。

一、21 世纪以来国内外能源发展回顾

（一）我国建立了全球最大的能源供给体系

经过多年的发展，我国能源生产和供应能力显著增强，已建成全球最

大的能源供给体系。2018 年，我国一次能源生产总量达到 37.3 亿吨标准煤，居全球首位。

我国一直是全球最大的煤炭生产和消费国。2000—2010 年，煤炭消费总量从 10.1 亿吨标准煤快速上涨至 25 亿吨标准煤，到 2013 年煤炭生产和消费量达到顶峰，此后按照大气污染防治要求开始控制煤炭消费，并实施煤炭去产能政策，煤炭产能规模有所下降。从生产量来看，2013 年全国煤炭产量达 39.7 亿吨，是历史峰值，此后三年连续下降至 2016 年的 34.1 亿吨，但 2017 年、2018 年煤炭生产量有所反弹，2018 年生产量为 36.8 亿吨，主要是由于随着电力消费速度加快，煤电需求增长较快，但仍没有达到 2013 年的历史高点（见图 5-1）。

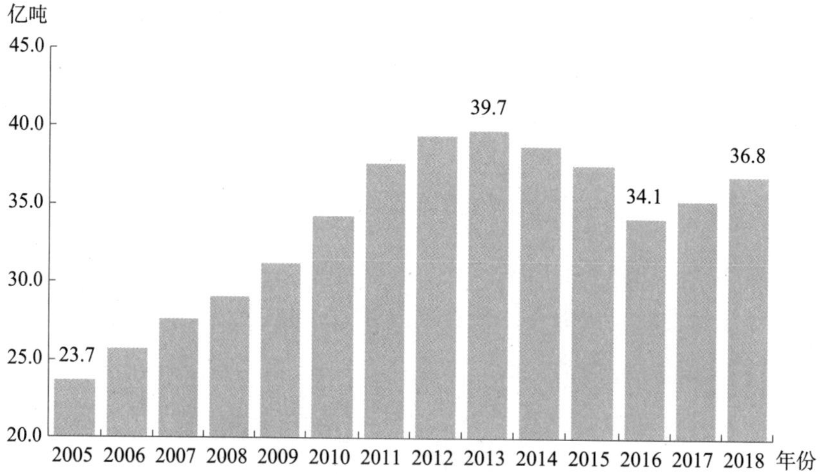

图 5-1　2005—2018 年全国煤炭生产量变化

资料来源：根据中国煤炭行业协会数据整理。

进入 21 世纪，我国原油产量保持持续增长态势。但受原油资源禀赋条件和低油价下高成本资源经济效益欠佳被迫停产、上游投资不足等影响，我国原油产量自 2015 年以来持续下降。2018 年全年原油产量为 1.89 亿吨，同比下降 1.3%（见图 5-2）。由于国内需求增加及炼油能力较快增长等因素，“十二五”以来原油净进口量继续较快增长，2018 年全年净进口量为 4.6 亿吨。原油对外依存度持续较快升高，2018 年达到 70.9%。

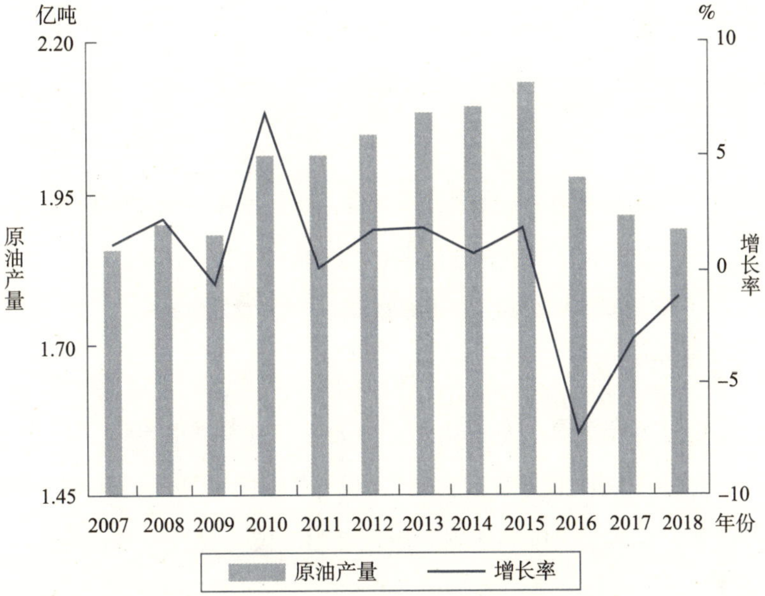

图 5-2　2007—2018 年我国原油产量及增长率

资料来源：中国石油集团经济技术研究院。

“十二五”以来，国内天然气产量稳步增加，2018 年天然气产量为 1573 亿立方米，同比增长 6.7%（见图 5-3）。其中，煤制气产量为 23 亿立方米，同比增长 4.5%；煤层气产量为 50 亿立方米，同比增长 6.7%；页岩气产量超过 110 亿立方米，同比增长 22.2%。受需求拉动影响，我国天然气进口量持续高速增长，2018 年超过日本成为全球第一大天然气进口国。2018 年天然气进口量为 1254 亿立方米，同比增长 31.7%，对外依存度升至 45.3%。其中，LNG 进口量占比 59%，同比提高 4 个百分点；管道气占比 41%。

我国已建成全球规模最大的电力系统。“十二五”以来，我国电源建设持续稳步增长，到 2018 年底，我国总发电装机容量达到 18.99 亿千瓦，

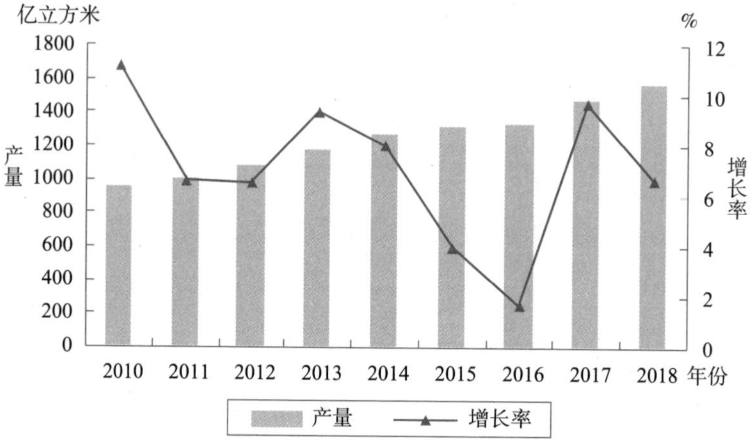

图 5-3　2010—2018 年我国天然气产量及增长率

资料来源：中国石油集团经济技术研究院。

其中，火电 11.4 亿千瓦、水电 3.5 亿千瓦（含抽蓄发电 3000 万千瓦）、风电 1.8 亿千瓦、太阳能发电 1.7 亿千瓦，均居世界第一；核电装机容量 4466 万千瓦，仅次于美国和法国，居全球第三位（见图 5-4）。

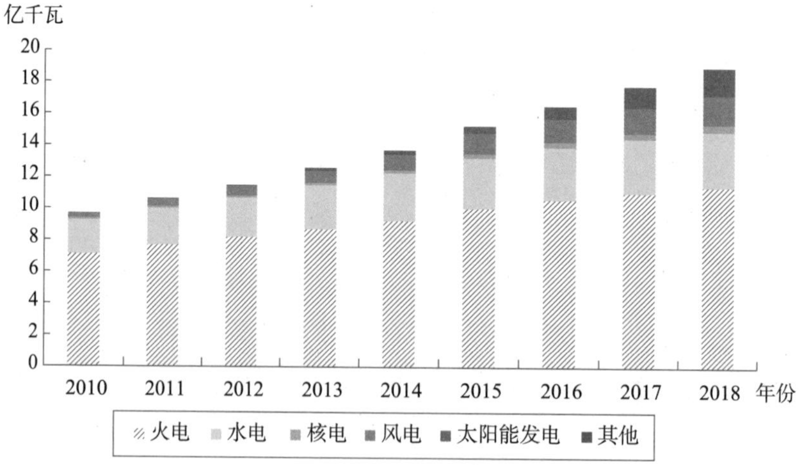

图 5-4　2010—2018 年我国发电装机情况

资料来源：中国电力企业联合会。

值得指出的是，从2013年开始，我国新增发电装机中非化石能源比重连续六年超过50%。到2018年底，水电、风电、光伏及核电等非化石能源占发电装机总量中的比重接近40%，非化石能源在总发电量中的比重接近30%（见图5-5）。

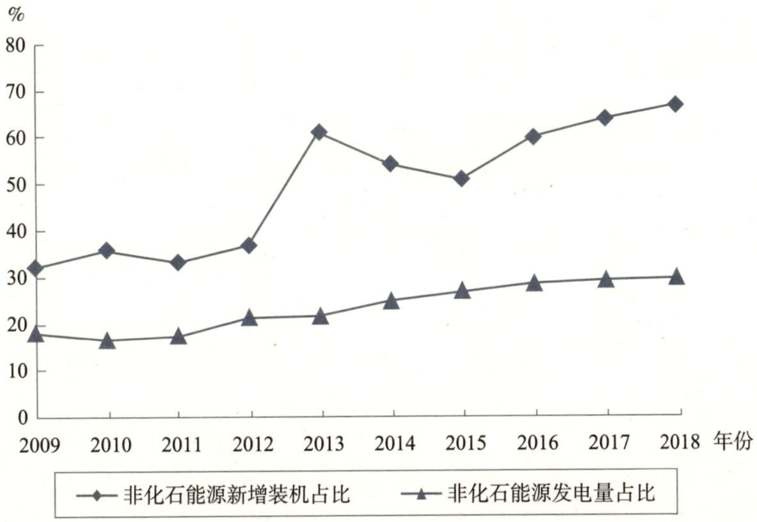

图5-5　2009—2018年我国非化石能源在新增装机及发电量中占比情况

资料来源：根据《中国能源统计年鉴》及中电联电力统计快报整理。

我国能源基础设施建设成效明显，有效支撑了全球最大能源系统的高效运转。我国铁路煤炭运量年均超过20亿吨，占全国煤炭生产总量的50%~60%。煤运中转港口吞吐能力强，全国港口发运量保持在6.5亿吨左右，占煤炭生产总量的17%左右。油气管道规模大，截至2017年底，全国已建成的陆上油气管道里程达到13.3万千米，已基本形成西油东送、北油南运、西气东输、北气南下、海上登陆、就近供应的油气管道供应格局。LNG接收站设施能力显著增强，截至2018年上半年底，全国投产LNG接收站18座，总接卸周转能力达到4894万吨。建成世界规模最大电网，截至2018年底，全国220千伏及以上输电线路回路长度已达到73.3

万千米，变电设备容量已达到40.2亿千伏安，分别是2010年的2.6倍和3.4倍；已建成数十条全球电压等级最高的特高压输电线路，保障电力资源的优化配置。

（二）我国能源消费经历了先快速攀升后趋缓的历程

21世纪以来，我国能源消费量持续增加，从2000年的14.4亿吨标准煤提高到2018年的46.8亿吨标准煤，2018年能源消费量是2000年的3.2倍。2009年，我国能源消费首次超过美国，成为世界上第一大能源消费国，至今我国仍是全球能源消费第一大国。2018年，我国能源消费量比美国高出42.3%，比美国高出13.9亿吨标准煤（见图5-6）。

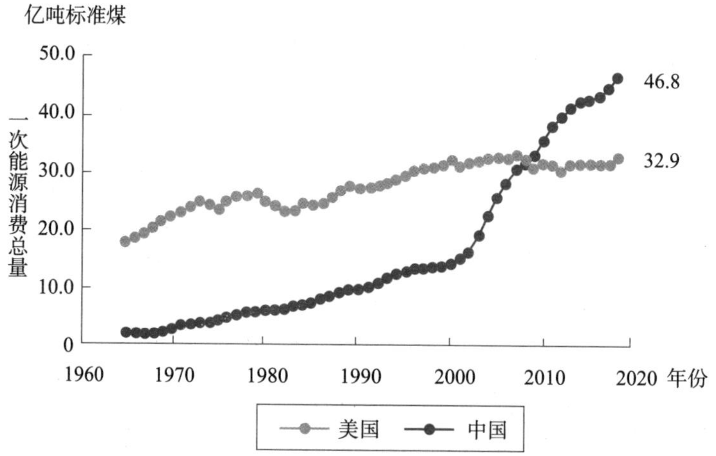

图5-6 1960年以来中美能源消费比较

从阶段划分上看，我国2000年后能源消费经历了两次先快速增加、后趋缓的双“N”形波动。其中，第一个“N”形是2000—2008年，我国一次能源消费从14.7亿吨标准煤提高到32.1亿吨标准煤，年均增速10.2%；第二个“N”形是2008—2018年，一次能源消费从32.1亿吨标准煤提高到46.4亿吨标准煤，年均增速3.8%。在第一个“N”形期间，我国年度能源消费增速曾一度达到16.8%的历史高值，又在2008年下降到2.9%的历史低增速；在第二个“N”形期间，我国年度能源消费最高增速为7.3%，最低时下降到1.0%的历史低增速。总体而言，第二个“N”形阶段的能源消费增速低于第一个“N”形阶段（见图5-7）。

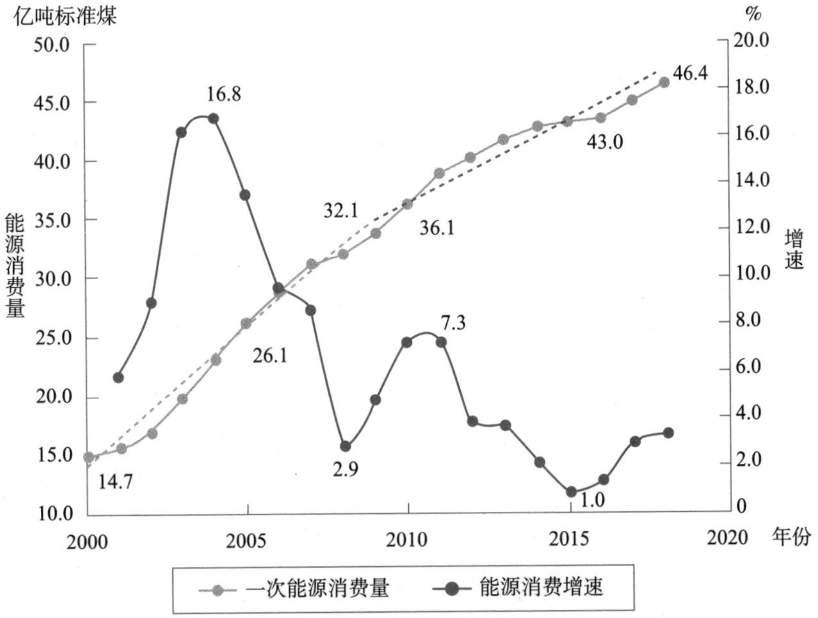

图5-7 2000年以来我国能源消费的双“N”形增长

从能源消费增幅上看，在第一个“N”形阶段，年度能源消费最高达到3.3亿吨标准煤（2004年），年度能源消费最低增量为0.92亿吨标准煤（2008年）。在第二个“N”形阶段，年度能源消费最高增量为2.64亿吨标准煤（2011年），年度能源消费最低增量为0.41亿吨标准煤（2015年）。从能源消费年度增幅上看，每7~8年都会经历一次年度增幅逐渐提高、达峰后年度增幅逐渐下降的“山峰”。2000—2018年，年度能源消费增幅已经经历了两个“山峰”。2016年后，年度能源消费增速进入第三个“山峰”的前半段，连续三年的能源消费增幅逐渐提高（见图5-8）。

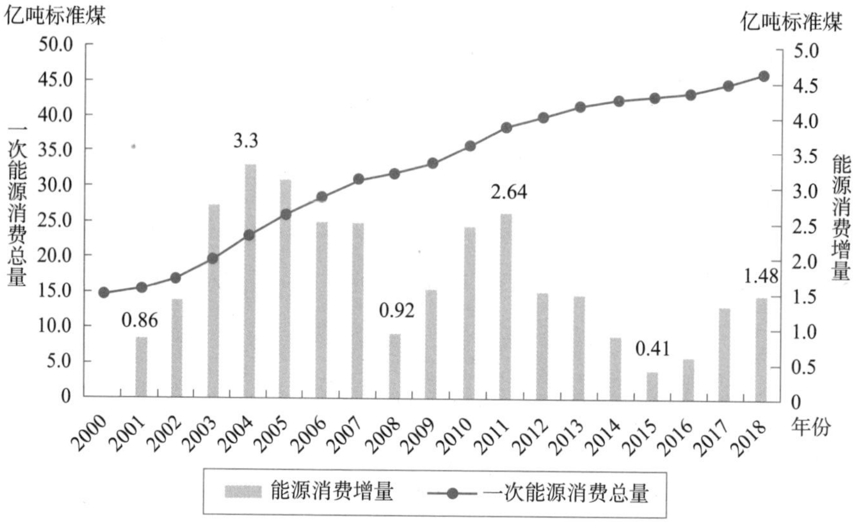

图 5-8 2000—2018 年我国能源消费增量及一次能源消费总量

能源消费增幅的绝对值与经济发展增速有很大关系。能源消费弹性系数是表征能源消费与经济增长关系的综合性指标。2000 年以来，我国能源消费弹性系数呈两个半“山峰”的形势，但第二个“山峰”的峰值和谷值都低于第一个“山峰”。第一个“山峰”期间，年度能源消费弹性系数峰值为 1.7，谷值为 0.3。第二个“山峰”期间，年度能源消费弹性系数峰值为 0.8，谷值为 0.1，低于第一个“山峰”期间的峰值和谷值。第三个“山峰”期间，目前最高的能源消费弹性系数为 0.5，低于第二个“山峰”期间的峰值（0.8）（见图 5-9）。

2000 年以来，我国能源发展结构发生了重大变化，能源结构向更清洁、更高效、更可持续的方向转变。2000 年，我国煤炭消费在一次能源消费中的比重为 68.5%，石油占比为 22.0%，天然气仅占 2.2%，水电、核电、风电合计只占 7.3%。2018 年，我国煤炭消费占比下降到 59.0%，石油占比下降到 18.9%，天然气占比提高到 8.0%，水电、核电、风电合计占比提高到 14.1%（见图 5-10）。2000 年以来，我国能源消费最大的变化

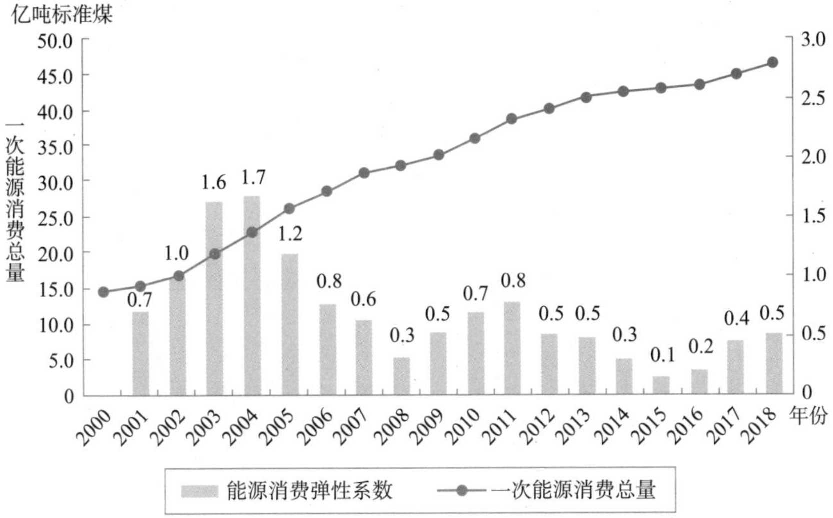

图 5-9 2000—2018 年我国能源消费弹性系数及一次能源消费总量

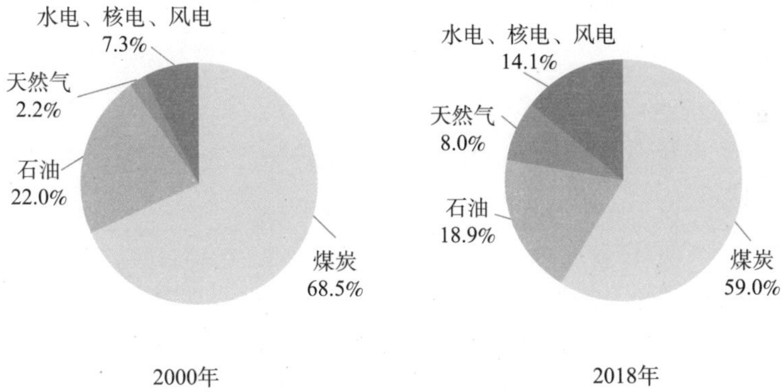

图 5-10 我国能源消费结构的变化

是煤炭消费的转变。2000—2013 年，我国煤炭消费持续增长，最高值一度达到 42.4 亿吨。2013 年以后，我国煤炭消费开始进入平台波动期，煤炭消费先下降，再略有增长。煤炭消费的变化和煤炭的“减量替代”对我国能源结构优化起到了重要作用。

（三）我国能源国际合作已从“参与融入”迈向“全方位合作”

我国参与能源国际合作进程与国内经济社会发展阶段密不可分，从最初的“引进来”提升国内能源供应水平，缓解国内能源短缺局面；到“走出去”积极参与能源国际合作，充分利用“两种资源、两个市场”；再到21世纪初全面参与能源国际合作，“引进来”和“走出去”更好结合；最后到党的十八大以来统筹国内国际两个大局，提出“中国方案”，形成以“一带一路”能源合作为引领的全方位能源合作、构建人类命运共同体等，我国国际能源合作不仅仅完成了从“引进来”、初步融入国际能源市场到走近世界舞台中央，成为能源国际合作的重要参与者、贡献者、引领者的角色变化，更构建了东北、西北、西南、海上四大油气进口战略通道，能源保障程度一直保持在80%以上[①]（见图5-11），在开放条件常规环境下已经实现通过与其他国家的共同安全行动，初步保障我国油气供应安全。

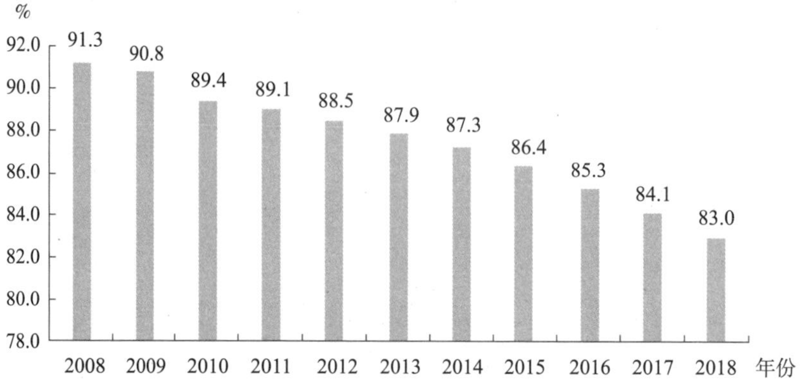

图5-11　2008—2018年我国能源自给率情况

资料来源：根据《BP世界能源统计年鉴》相关数据整理。

注：此处能源自给率=油气净进口量/一次能源总消费量。

---

① 考虑到我国煤炭进口主要基于市场化因素而不是因为资源不足，因此我国能源对外依存度主要以油气资源进行测算。

回顾发展历程，我国国际能源合作不断与时俱进，在合作理念上，实现了从以满足国内经济发展为主到树立新时代能源合作大局观的转变，能源国际合作从以解决国内能源供应问题为目的转向更加注重多元协同合作；在合作思路上，正在从探索、跟随、参与向积极引领区域和全球能源治理合作转变，开始探索在与国际能源组织和机构对话的基础上，不断融入现有治理机制改革进程，积极提出“一带一路”能源俱乐部等新兴治理机制；在合作模式上，实现了从“摸着石头过河”向注重顶层设计统筹推进转变，从前期注重项目落地结果，到现在主动布置和拓展重点区域和战略通道；在合作领域上，从以化石能源为主向覆盖整个大能源全产业链合作转变，目前已覆盖煤、电、油、气多个品种，并涵盖上中下游所涉及的装备、技术、标准、服务等内容。

通过国际能源合作，不仅促进了资金、技术、资源在更大范围的优化配置，更为保障我国能源供应、推动能源转型、加快能源革命提供重要支撑，有力地促进了国内经济社会发展，同时也对稳定国际能源市场与推进全球能源绿色低碳发展、提升我国国际影响力发挥了重要作用。

（四）共同应对气候变化，推动世界能源绿色低碳转型

2015 年，联合国气候变化大会通过的《巴黎协定》是人类应对全球气候变化挑战的一个新的里程碑。它在气候变化科学的基础上为 2020 年后全球应对气候变化行动做出了大幅减排温室气体的制度安排，这意味着《巴黎协定》的签署是改变能源发展轨道的分水岭，21 世纪将成为终结化石能源的世纪。《巴黎协定》也提出了实施机制，要确认国家责任时间表和阶段性目标，每五年进行盘点，不断总结和分享经验，加强实施力度和承诺，尽快实现碳排放达峰。这种实施机制必将推动各国在绿色发展、低碳转型、开发利用可再生能源等领域采取更有力的自主行动，通过自主行动推动国际协调，而非等待国际协调推动自主行动。一些国家提出今后要通

过政策和经济驱动努力超越国家自主贡献（Intended Nationally Determined Contributions，INDC）目标，更多国家同意并呼吁更加明确的可再生能源发展目标、路线图和实施计划。

可再生能源是清洁无碳能源，以可再生能源为主的能源体系是目前唯一可以看清的长期能源可持续发展道路。随着技术进步和推广进度的加快，可再生能源已经成为应对气候变化的成熟解决方案。它的发展一方面有力推动了《巴黎协定》的达成，另一方面成为落实《巴黎协定》的重要途径，从而避免《巴黎协定》成为空文。联合国政府间气候变化专门委员会（IPCC）、国际能源署（IEA）和国际可再生能源署（IRENA）等机构的报告指出，没有可再生能源就无法实现应对气候变化目标，全球能源转型的基本趋势是实现从化石能源体系向低碳和可再生能源体系的转变，最终进入以可再生能源为主的可持续能源时代。

全球可再生能源投资持续超越化石能源投资。根据全球可再生能源网（Renewable Energy Policy Network for the 21st Century，REN21）可再生能源 2019 年全球状况报告公布的新数据，2018 年可再生能源投资达到新燃煤和燃气发电机投资额的 3 倍，约 2889 亿美元；其中，全球太阳能和风能的投资分别为 1397 亿美元和 1340 亿美元。中国连续第七年在全球范围内引领投资，达到 912 亿美元，占全球总投资的 32%；欧洲占 21%，美国占 17%，亚洲—大洋洲（不包括中国和印度）占 15%，印度占 5%，中东和非洲占 5%。值得指出的是，中东和非洲的投资达到创纪录的 154 亿美元，增长率为 57%。虽然美国特朗普政府对清洁能源支持力度大幅降低，但 2018 年美国可再生能源投资达到 485 亿美元，为 2011 年以来的最高水平。

可再生能源消费在全球能源生产消费中的比重不断提升。电力部门是目前直接排放温室气体最多的部门，也是可再生能源使用比例最高、能源转型最快、未来潜力最大的领域。加快电力转型对减排温室气体、推动能源革命非常关键。2018 年，全球新增发电装机的 65%来自可再生能源（见图 5-12），比 2008 年增加 25 个百分点；全球可再生能源累计装机 23.56 亿千瓦，年发电量 6 万亿千瓦·时，占全球发电量的 26%。风电、太阳能发电等将是未来全球能源低碳化的重要途径。2008—2018 年，全球风电装机从 1.2 亿千瓦增加到 5.9 亿千瓦，光伏发电装机从 1300 万千瓦增加到 5 亿千瓦。风电在一些地区已经逐步成为主力能源，太阳能发电在一些地区已成为最具竞争力的电力来源。2018 年，风电和光伏发电量占丹麦、德国和英国全部发电量的比例分别达到约 50%、27%和 20%（见图 5-13）。可再生能源在交通用能的市场份额约为 3.3%，占供热的比例在 10%以上。随着可再生能源产业的发展，2018 年全球可再生能源就业人数达到 1100 万人，其中中国 402 万人、欧洲 123 万人、巴西 112 万人、美国 85 万人。

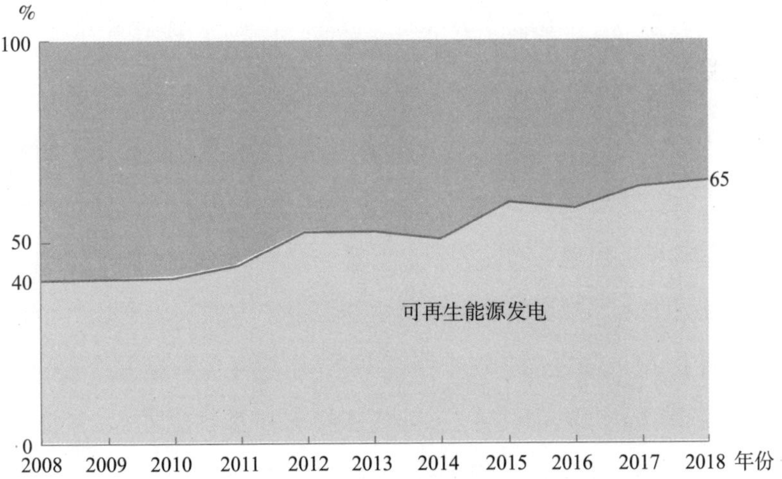

图 5-12　可再生能源发电在新增发电装机中的占比

资料来源：REN21。

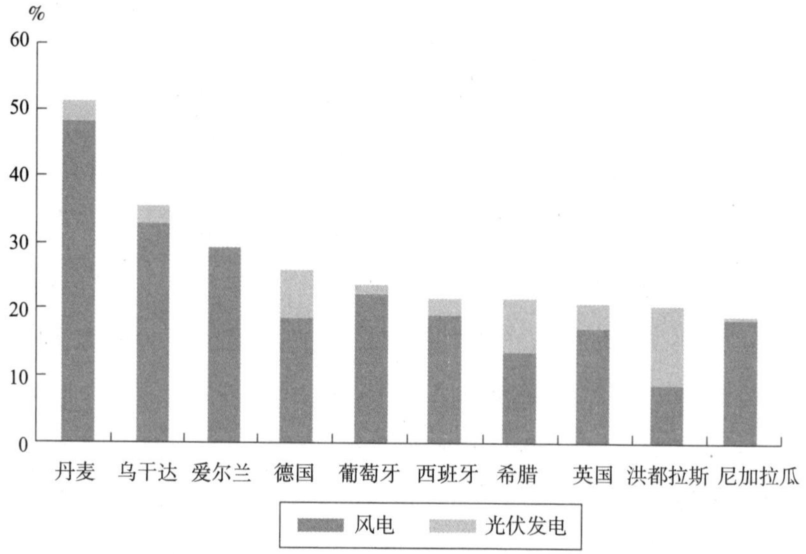

图 5-13　2018 年风电和光伏发电量占比最高的 10 个国家

资料来源：REN21。

清洁低碳能源生产主体多元化，各类企业和社区民众日益重视购买、生产和消费绿色可再生能源。在可持续发展目标和日益多样化的采购选择的推动下，越来越多的企业直接采购可再生能源。截至 2018 年底，全球约有 150 家大型企业（如苹果公司）承诺 100%使用可再生能源。随着气候变化、企业社会责任增大、可再生能源成本不断下降、能源多元化的努力、投融资和风险控制工具的创新，壳牌、高盛等油气和资产管理公司及一些小型公司加大了投资和购买可再生能源资产力度。美国数百个社区制定目标，要在 2035 年之前实现全社区 100%使用可再生能源，通过社区选择聚合（Community Choice Aggregation，CCA）等项目使居民、企业和市政共同生产和消费可再生能源，形成新的商业模式。

各国坚持扶持政策与市场机制相结合，逐步加快推动可再生能源市场化。欧美长期以来通过固定电价、税收抵扣、分布式发电净电量计量、可再生能源配额制方式支持可再生能源的发展，近期更加重视完善电力市场体系和可再生能源参与市场化交易。德国 2014 年以来对大型新能源电站实行“直接交易”，新增大中型新能源发电项目需要参与电力市场交易并获得市场溢价补贴（Fit-in-Premium，FIP）。英国可再生能源机组可直接参与各类电力中长期交易、现货交易和实时平衡机制，但对可再生能源等低碳电力采取了差价合约（Contracts for Difference，CFD）以降低风险。在美国，购电协议（Power Purchase Agreement，PPA）是目前新能源电力的主要市场参与方式（相当于场外双边合同），大企业直接向新能源发电企业采购清洁能源。大多数公司的 PPA 都是虚拟购电协议（Virtual PPA，VPPA），电站将电力以当地价格批发出售到电力交易中心。分布式发电仍享有净电量计量政策，但需要通过社区太阳能、第三方投资等方式推动其集成开发和市场化交易。

高比例可再生能源引领建设灵活、智能、开发、共享的未来能源系统。随着可再生能源所占比重的增加，终端需求、能源供应、基础设施建设和运行管理等方面正在进行深刻的创新，交通、建筑、工业等终端部门需要协同转型，积极发展可再生能源直接供热、热泵、分布式发电、氢能等各种储能设施。例如，丹麦积极推动电热综合系统，德国启动了能源数字化示范工程。近年来，为促进可再生能源高比例发展，各国推进监管架构和法律法规变革，制定跨部门的能源转型方案和实施机制，以适应波动性的新能源电力市场机制，促进电力市场融合，保障能源领域高度开放竞争。例如，欧盟通过立法，确定各国发展目标，构建整个区域内强强连接的电网和统一电力市场，确保电力系统稳定而灵活地接纳可再生能源。

清洁低碳能源转型成为全球能源合作和能源治理的焦点。2015 年以来，先后由土耳其、中国、德国、阿根廷和日本担任主席国的二十国集团会议均设置清洁能源转型议题，推动开发利用可再生能源；联合国可持续发展议程 2030 协同推进清洁能源（SD7）和应对气候变化（SD17）等目标；联合国气候变化框架公约（UNFCCC）秘书处与国际可再生能源署加强合作，推动可再生能源成为应对气候变化的成熟解决方案；海湾合作委员会（Gulf Cooperation Council，GCC）、东南亚联盟、非洲联盟、拉丁美洲地区等均与 IRENA 合作，推动区域可再生能源能力建设和市场开发，为在“非洲清洁能源走廊”下开展的非洲 2020—2030 年基础设施发展项目提供技术支撑。

我国与世界各国共同应对气候变化，推动世界能源绿色低碳转型。习近平主席在 2015 年巴黎气候变化大会和 2016 年杭州 G20 工商峰会上的讲话指出，中国正在大力推进生态文明建设，推动绿色循环低碳发展；将应对气候变化融入国家经济社会发展中长期规划；推动绿色发展，也是为了主动应对气候变化。近年来，我国可再生能源快速发展，各类新能源发电、储能、电动汽车、能源物联网等成为绿色投资热点和经济增长点，促进经济高质量发展。新能源产业已经逐步摆脱补贴依赖，成为我国培育新动能、推动绿色发展的最具潜力的领域。可再生能源在能源结构中占比不断提升，风电和光伏发电在部分地区已成为主力电源，太阳能、地热能和生物质能成为城乡重要清洁供热、供暖技术和清洁替代燃料，可再生能源已经进入大范围增量替代、局部地区存量替代化石能源的新阶段。截至 2018 年底，我国水电、风电、太阳能发电等能源种类累计装机规模均居世界首位，是世界上最大的可再生能源开发利用国，为全球共同应对气候变化做出了重大贡献。

二、中长期世界发展趋势及能源地缘政治格局演变特点

（一）能源需求增长放缓且几乎全部来自发展中国家

未来十多年，全球能源需求增长有所放缓，发达国家能源消费与经济增长“脱钩”态势将更为明显，届时 95%以上的全球能源消费增量将来自发展中国家。根据国际能源署（IEA）2017 年预测，2017—2025 年，全球

能源需求年均增速为 1.2%；2025—2035 年，增速仍保持在 1.0%左右，但发达国家能源需求基本饱和，个别国家开始出现下降趋势（见表 5-1）。英国石油公司（British Petroleum，BP）认为，发展中国家将取代发达国家成为能源需求总量和增量的主要贡献者。

表 5-1　IEA 对不同区域一次能源需求预测

国家/地区	一次能源需求/百万吨油当量			占比/%			年均增速/%	
	2017 年	2025 年	2035 年	2017 年	2025 年	2035 年	2017—2025 年	2025—2035 年
北美洲	2624	2675	2661	19	17	16	0.2	-0.1
中南美洲	667	730	847	5	5	5	1.1	1.5
欧　洲	2008	1934	1779	14	13	11	-0.5	-0.8
非　洲	829	980	1192	6	6	7	2.1	2.0
中东地区	740	846	1085	5	5	6	1.7	2.5
欧亚大陆	911	943	986	7	6	6	0.4	0.4
亚太地区	5789	6803	7798	41	44	46	2.0	1.4
中　国	3051	3509	3787	22	23	22	1.8	0.8
印　度	898	1238	1683	6	8	10	4.1	3.1
全　球	13972	15388	16926	100	100	100	1.2	1.0

资料来源：IEA. World Energy Outlook 2018.

从中长期看，全球能源消费中心东移的趋势将进一步凸显，能源消费增量将几乎全部来自发展中国家。为此，加快调整全球能源治理的呼声也将更加强烈。作为全球石油消费组织的 IEA 的代表性短板开始显现，2018 年 IEA 成员国石油消费占比不足全球总消费量的 50%，未来一段时期其占比将进一步下降，而以中国、印度为代表的亚太地区国家石油、天然气需求将快速增加。IEA 预测，“十四五”末，亚太地区的石油需求占比将比 2017 年增加 2 个百分点，天然气需求占比将增加 4 个百分点，预计到 2035 年，亚太地区的石油和天然气需求占比将分别达到 36%和 28%（见表 5-2），这意味着未来十多年全球石油需求增量的 60%、天然气需求增量的 50%左右来自亚太地区。

表 5-2　IEA 对不同区域油气需求预测

地　区	需求量			占比/%			年均增速/%	
	2017 年	2025 年	2035 年	2017 年	2025 年	2035 年	2017—2025 年	2025—2035 年
石油需求/（百万桶/日）								
北美洲	22.3	22	19.9	23	21	18	-0.2	-1.0
中南美洲	5.8	5.9	6.2	6	6	6	0.2	0.5
欧　洲	13.2	12.1	9.6	14	12	9	-1.1	-2.3
非　洲	4.0	4.8	5.8	4	5	5	2.3	1.9
中东地区	7.4	8.4	9.7	8	8	9	1.6	1.4
欧亚大陆	3.7	4.1	4.2	4	4	4	1.3	0.2
亚太地区	30.5	35.8	39.0	32	34	36	2.0	0.9
全　球	96.6	105.2	108.9	100	100	100	1.1	0.3
天然气需求/10 亿立方米								
北美洲	969	1078	1136	26	25	23	1.3	0.5
中南美洲	174	183	236	5	4	5	0.6	2.6
欧　洲	613	622	601	16	14	12	0.2	-0.3
非　洲	145	175	258	4	4	5	2.4	4.0
中东地区	501	560	731	13	13	15	1.4	2.7
欧亚大陆	575	592	617	15	14	12	0.4	0.4
亚太地区	775	1073	1413	21	25	28	4.2	2.8
全　球	3752	4293	5025	100	100	100	1.7	1.6

资料来源：IEA. World Energy Outlook 2018.

（二）能源“新美国”正重塑全球能源资源版图与供求格局

受益于页岩油气的大规模开发，未来美国油气产量将进一步增加，当前由“OPEC+俄罗斯”两极主导的石油供应格局正向“美国—沙特阿拉伯—俄罗斯”大三角格局转变（见表 5-3）；同时，美国在全球天然气供应格局中的作用将逐步增强，成为与俄罗斯比肩的主要天然气供应国。IEA 预测，到 2040 年，美国原油和天然气增长将分别占全球的近 75%和 40%。美国能源信息署（EIA）预计，美国将有可能成为全球最大的液化天然气出口国[①]。由此可见，集“能源生产大国、能源消费大国、能源出口国”三重属性于一身的“新美国”已初见雏形。

表 5-3 国际机构对沙特阿拉伯、美国、俄罗斯石油产量占比的预测 单位：%

国 家	IEA 预测				BP 预测			
	2017 年	2025 年	2030 年	2035 年	2016 年	2025 年	2030 年	2035 年
沙特阿拉伯	12.9	12.2	12.5	12.6	12.5	11.6	11.5	12.1
美 国	14.2	18.5	18.0	17.1	14.8	19.9	20.7	20.7
俄罗斯	12.3	11.5	10.7	9.8	11.5	11.3	11.7	12.0
合 计	39.4	42.2	41.2	39.6	38.8	42.8	43.9	44.8

资料来源：IEA. World Energy Outlook 2018；BP. Energy Outlook 2018.

美国成为重要油气出口国将对全球油气供需格局产生重要影响。从贸易流向看，未来一段时期，亚洲石油进口需求将进一步增加，而欧洲石油进口需求则缓慢下降，全球石油市场将形成从以北美、中东、俄罗斯—中亚、西非、南美为主的产油区，流向亚洲和欧洲需求区（用油区）的贸易格局。

美国天然气产量增加不仅会改变全球市场格局，也将打破管道天然气出口与液化天然气（LNG）出口之间的平衡。预计“十四五”时期及未来十多年里，将逐渐形成以美国和俄罗斯为主，中国、伊朗、卡塔尔、澳大利亚及加拿大等多点开花的天然气资源开发版图。随着天然气液化技术的发展及相关设施的加速建设，LNG 将超过管道天然气成为全球天然气贸易的主要方式。当前北美、欧洲、亚洲相对独立的天然气市场，也将向由北美、澳大利亚、俄罗斯、中东、非洲流向亚洲、欧洲和中南美洲的较为统一的天然气贸易格局演变。

（三）全球能源转型步伐加快，可再生能源已成为重要力量

具有法律约束力的《巴黎协定》的签署，意味着积极应对全球气候变

---

① EIA 预测，2021 年美国将成为石油净出口国，其原油产量将从 2018 年的 6.7 亿吨，增长至 2025 年的 8.8 亿吨，进一步增长至 2031 年的 9.1 亿吨，之后原油产量有所下降。天然气产量由 2018 年的 1390 亿立方米，增长至 2025 年的 1770 亿立方米，届时美国将成为全球最大的液化天然气出口国，且此后其天然气产量将进一步增长至 2035 年的 1930 亿立方米。

化正从共识走向实际行动。气候变化已成为各国能源发展的重大约束，世界主要国家都把促进本国的低碳绿色发展作为能源环境政策的主要取向。欧盟在 2030 年战略中提出要实现碳减排 40%，可再生能源占比 32% 的目标；日本提出到 2030 年低碳电力占比达到 44%；德国提出 2050 年碳减排 80%~95%，可再生能源占比达到 80%。虽然美国特朗普政府宣布退出《巴黎协定》，但以加州为代表的州政府则提出地方能源转型目标，如提出到 2030 年温室气体排放减少 40%，可再生能源占比达到 60%。在相关政策的支撑和引导下，新能源领域科技研发与投入不断增加，全球能源正加速向低碳化、无碳化方向演变，全球能源绿色低碳转型已呈不可逆转之势。

随着全球转型步伐的加快，煤炭资源利用场景将大为减少，煤炭投资与需求增速大大放缓，其产量将在近期达峰后出现下降。事实上，欧美等发达国家的煤炭消费量也呈现下降态势，《BP 世界能源统计年鉴》显示，近十年美国煤炭消费下降了 40%，欧盟下降了 25%（见图 5-14）；随着风电、光伏等可再生能源分布式利用及储能使用成本的降低，可再生能源在一次能源供应中的竞争力将不断增强，其占比还将持续明显增加。

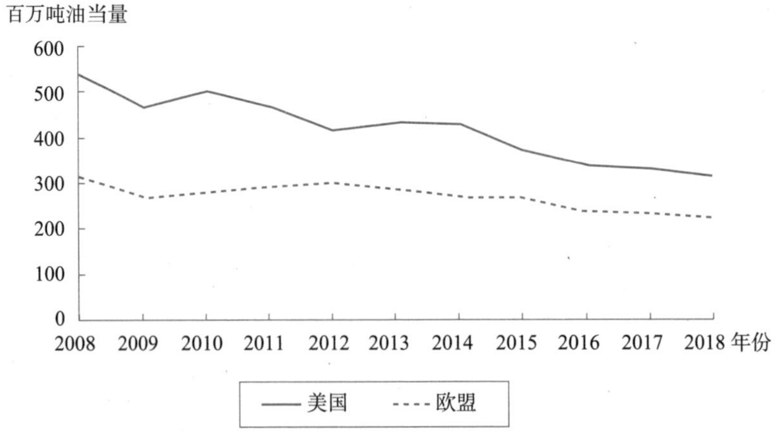

图 5-14　2008—2018 年美国和欧盟煤炭消费情况

资料来源：《BP 世界能源统计年鉴》。

多家机构的预测表明，可再生能源已成为全球能源转型的重要力量。当前全球可再生能源开发并不均衡，呈现中国、欧盟、美国三家引领的局面。随着技术进步及产业规模扩大，可再生能源开发成本将进一步下降，加之储能技术的发展，可再生能源间歇性的先天不足将被弥补，可再生能源有望成为未来满足新增电力需求的主要来源。据国际可再生能源署（IRENA）预测，到“十四五”末，新能源发电成本将普遍低于化石能源；IEA 预计到 2035 年，全球可再生能源发电占比将增长到 40%左右。各国将根据自身可再生能源资源禀赋特点，各有侧重地推动风电、光伏、水电、生物质能等低碳能源发展，全球能源转型也将步入快车道。

（四）技术创新融合发展推动能源行业发展模式和业态重塑

在可再生能源发展、产业和用能结构调整多重驱动下，电力将成为全球增速最快的能源品种。过去 30 多年，电能占全球终端能源消费比例已从 9%提高到 19%。随着分布式可再生电力的快速发展，以及电动汽车、数据中心、机器人、智能家居等新的电力利用方式不断涌现，电力消费规模、范围不断扩大，方式不断增多，电气化将成为驱动全球能源系统转型的重要动力。IEA 保守预测，2025 年、2035 年电力消费在全球终端用能中的占比将分别达到 20. 3%、22. 6%，比 2017 年分别增加 1. 3 个、3. 6 个百分点。其中商用民用部门电气化增长速度最快，占比由 2017 年的 32. 2%，分别增加到 2025 年和 2035 年的 35. 3%和 40. 1%（见表 5-4）。

表 5-4　IEA 对电力在不同部门终端能源消费中占比的预测　　单位:%

部　门	2017 年	2025 年	2030 年	2035 年
工业部门	26. 9	28. 0	28. 5	29. 0
商用民用部门	32. 2	35. 3	37. 7	40. 1
交通运输部门	1. 2	1. 8	2. 6	3. 5
全行业	19. 0	20. 3	21. 4	22. 6

资料来源：IEA. World Energy Outlook 2018.

与此同时，“去中心化”也将成为新一轮变革的重要特征。能源生产者与消费者一体化示范工程将不断涌现，人工智能、物联网、大数据等技术不断向工业与交通等终端部门渗透，分布式燃气与光伏、热泵及储能、工业余热与城市供暖等应用也会如火如荼，“互联网+可再生能源”将催生能源行业发展新模式和新业态，传统的能源行业发展模式和业态将不断被重塑与创新。

（五）“美国因素”增加了全球能源地缘政治与合作不确定性

“十四五”时期将是国际大变局的重要嬗变期，地缘政治博弈日趋复杂，国际经贸投资规则秩序重构等将波及能源领域。美国将成为全球最大的油气出口国，对国际能源市场的影响力进一步加强，国际能源市场可能出现更多变数。

随着美国不断摆脱对中东能源的依赖，其中东和全球战略腾挪将更加灵活，加之中美贸易争端、孤立保护主义、民粹主义、恐怖主义等挑战层出不穷，我国保障能源持续供应、安全运输面临风险增多。在美国油气（特别是天然气）出口能力提高的背景下（见图 5-15），美国、OPEC 和俄罗斯三方博弈将主导未来的国际油气市场，围绕供需平衡的较量也必将更加激烈。

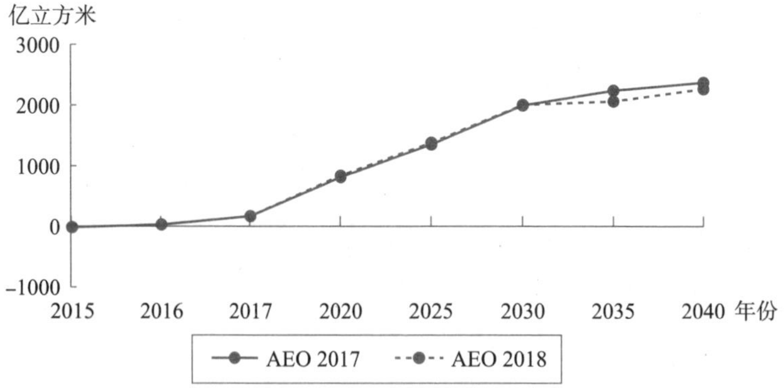

图 5-15　2015—2040 年美国 LNG 净出口情况

资料来源：EIA。

注：AEO（Annual Energy Outlook）是 EIA 发表的年度能源展望。AEO 2017 和 AEO 2018 分别对应 2017 版和 2018 版。

三、“十四五”时期我国能源发展阶段性特征

（一）能源安全问题受到高度关注

“十四五”时期，我国石油对外依存度将从目前的70%提高到2025年的75%，天然气对外依存度从目前的45%提高到2025年的50%，油气对外依存度进一步升高。随着中美战略竞争常态化以及美国成为全球油气出口量最大的国家导致的全球油气供应格局重构，我国能源安全问题受到越来越多高层人士和普通消费者的关注。

面对全球能源格局变动和风险加大，如何看待能源安全风险、应对能源安全风险、防范“反应过度”，将是我国“十四五”时期经济社会和能源发展的热点话题。

（二）我国全面融入全球能源发展潮流的初级阶段

21世纪以来，全球绿色可持续发展框架逐步形成，绿色能源的快速发展在悄然改变世界能源版图，并逐步强化。世界主要经济体已制定了中远期的绿色转型战略，并加快实施能源低碳转型；全球也达成了《巴黎协定》，作为推动各国能源低碳发展的重要共识；G20、APEC等重要多边机制都把绿色低碳作为国际合作交流的重要基础与前提。总的来看，全球绿色发展机制正在重塑世界治理机制。习近平总书记在2014年6月主持召开中央财经领导小组第六次会议时提出，能源革命要“找到顺应能源大势之道”，在新发展理念指引下，我国的能源转型战略方向首先应当与主要经济体保持一致，不能再继续高消耗、高污染、高碳排放的发展模式。我国作为《巴黎协定》的重要缔约国，也必须在低碳发展上采取实质性行动。要“构建人类命运共同体”，推进“一带一路”建设，必须真正融入全球多边机制并在其中发挥引领性作用，而只有符合全球绿色发展趋势，才能真正满足这些要求。

总之，“十四五”时期开始，必须把中长期目标瞄准2035年全面融入全球低碳发展潮流，与高碳时代挥手告别。“十四五”时期将是实施这一能源革命和历史性跃迁的重要起步阶段。

（三）以绿色发展全面统领能源发展的重要阶段

党的十九大后，党中央对绿色发展做了很多部署，并将其作为建设现代经济体系的重要组成部分。能源行业在绿色发展方面的矛盾与问题比其他领域更尖锐、更突出。可以说，能源部门是绿色发展的主战场，也是绿色发展的排头兵。虽然过去几年我国能源绿色转型取得了长足进展，但距离建成美丽中国要求仍有较大差距，特别是能源行业、资源大省在是延续传统的外延式发展还是实行绿色发展方式的选择上，处于两难的局面。

“十四五”是实施“两阶段”战略的第一个完整五年，是继往开来的重要阶段。因此，必须以绿色发展统领能源，打下促进能源绿色发展的制度基础、绿色能源的产业基础和能源绿色发展的模式基础，才能有效支撑全国绿色发展。否则，由于能源部门具有前期投入大、建设周期长、影响范围广等特征，将会形成持久锁定效应，等到“十五五”时期再做调整就为时已晚，甚至可能导致2035年美丽中国目标难以实现。

（四）深化改革、真正实现以市场配置能源资源为主的攻坚阶段

供给侧结构性改革成为当前及今后较长一段时期的工作主线。“十三五”时期，能源领域成为“三去一降一补”的主战场之一，但去煤炭/煤电产能、补储备能力和清洁能源利用短板、降电价等工作多以行政手段来推进，在取得阶段性显著成效的同时，也产生了很多负面影响。如果“十四五”时期不能更多使用市场手段来配置能源资源，不能形成有效的激励约束机制，成果恐难以巩固，继续深化供给侧结构性改革将面临诸多困难。

能源领域体制机制改革已进入深水期。“十三五”时期启动了新一轮

电力体制改革，全方位油气体制改革也在研究推进中，但电力、油气市场化改革遭遇重重阻力，人民的获得感和幸福感并不明显。如果“十四五”时期不能克服阻力，咬定目标不放松，建立真正以市场配置能源资源为主的体制机制，“十三五”时期的一系列市场化改革将面临停滞甚至倒退的境地。

因此，要实现“有效竞争的市场结构和市场体系，主要由市场决定能源价格的机制”等能源体制革命目标，“十四五”时期将是深化改革的攻坚期，必须迎难而上、攻坚克难，才能真正改变能源市场化改革进展滞后的局面，有效保障供给侧结构性改革向纵深推进。

四、“十四五”时期我国能源发展面临的主要风险和挑战

（一）“安全供应”风险

“十四五”时期，我国油气对外依存度仍将升高。随着国际形势的变化，尽管很难实质性地出现“断供”现象，但能源供应安全存在诸多变数，需要高度重视、妥善应对风险。

第一，美国对我国战略定位发生新转变，将给我国油气贸易进口与国际能源合作格局带来较大冲击，能源安全变数加大。美国已将中美关系定位由“战略合作伙伴”转为“战略竞争对手”，即使中美经贸达成阶段性协议，在具体执行过程中也将存在变数，将会给油气贸易前景带来各种不确定性。即便将进口美国天然气作为削减贸易逆差的重要选项，未来也需协调与美国的合作及与俄罗斯、沙特阿拉伯、中亚等传统油气贸易国的关系，统筹我国能源安全战略与对外能源合作整体布局。

第二，欧盟对我国的关系有调整迹向，如其立场向美国靠拢，将对诸多能源合作领域乃至我国能源安全产生重要影响。以德国、法国为首的欧

盟国家对我国出现立场变化迹象。欧盟是推进能源绿色低碳转型的前行者，中欧目前在低碳城市、智慧交通、清洁能源转型方面展开深入合作，双方还在探索“一带一路”第三方能源合作。若中欧能源领域合作生变，将对我国能源发展和加快推进能源绿色低碳转型产生不利影响，进而影响我国能源安全。当然，我国也面临与欧盟深化能源合作的新机遇，因此，更需防范风险与务实合作并举，切实采取更多有效措施，将中欧能源合作提到新的高度。

第三，我国传统能源供应地局势可能出现新的变数，给我国能源国际合作及保障我国能源安全带来新的忧患。“十四五”时期，中东、非洲、中亚—俄罗斯、拉美等能源重点供应地局势都有出现新变数的可能，将给我国与这些国家开展稳定的油气贸易合作带来新的风险。

第四，电力、油气等能源网络安全运行面临多重风险，电网安全稳定运行压力不断增大，油气管网安全可靠运行面临多重风险。随着电网规模的不断扩大，电网管理日趋复杂，系统运行安全风险增大。特高压交直流电网远距离、大规模调配电力资源，加大了电网大面积停电风险。交直流混联电网规模不断扩大和新能源大规模接入，增加了电网稳定运行的管控难度。信息技术广泛应用客观上导致电力系统网络信息安全形势日益严峻。我国台风、地震、泥石流、山火等自然灾害多发频发，影响电网安全稳定运行。油气管道与密闭空间、人员密集区、市政和民用管道、公路、铁路等相互交叉，存在被挤压占用和遭第三方破坏现象。

第五，能源高质量发展面临新要求，能源体制机制改革进入攻坚克难的关键阶段。能源高质量发展，是我国实现能源革命和现代能源体系建设的必经之路，迫切需要通过市场化的方式，推动能源绿色、安全、经济协调发展。目前，我国尚未建立适应能源高质量发展的体制机制，包括油气上游资源勘探开发、电网建设等领域未实现公平准入；国有能源企业未真正成为市场主体；主要依靠市场决定能源价格，充分反映环境外部性的价格机制还未形成；电力体制改革步履维艰，增量配电进展缓慢，分布式能源难以推进；同时，各级政府在资源配置、项目投资等方面行政干预过多，且能源管理多从行业自身出发，对能源系统转型的兼顾较少。如果不解决上述机制体制问题，将导致全社会用能成本虚高，清洁能源发展多方受阻，市场竞争被局限在发电侧等局部领域，能源结构和布局优化难度大、进展慢等问题和矛盾会更加突出，从而影响“十四五”乃至2035年美丽中国目标的实现。

（二）“绿色转型”风险

能源绿色低碳转型成为世界发展大趋势，也成为国家重要的战略取向。但受国际政治经济形势变化、国内区域经济社会及能源发展不平衡等的影响，“十四五”时期切实实现能源绿色转型仍面临诸多不确定性和巨大挑战。

第一，全球应对气候变化迈上新征程，对我国能源转型与“一带一路”能源合作提出高要求。“十四五”时期是《巴黎协定》生效后履约的重要时期，也是响应落实《联合国2030年可持续发展议程》的关键时期，特别是1.5℃温升情景会不会在“十四五”期间有明确的、新的约束要求，将对全球应对气候变化产生重要影响。作为负责任的大国，我国已承诺2030年二氧化碳（CO_2）排放达峰甚至提前达峰，同意将21世纪全球平均气温上升幅度控制在2℃以内，并努力控制在1.5℃以内。虽然我国人均温室气体排放量低于世界平均水平，但目前我国是全球最大的温室气体排放国。“十四五”期间，我国CO_2排放量仍将持续增加，而发达国家近几年CO_2排放量已经出现持续降低的新趋势，若同期发达国家CO_2排放加速下降，我国将承受更大压力，也意味着将对我国能源转型提出更高目标、更快节奏的新要求。同时，在应对气候变化的背景下，必须对“一带一路”能源合作角色定位、走向、重点地区和领域赋予“绿色本底”，将重心转到绿色基础设施建设、绿色投融资、能源绿色开发利用上。

第二，能源电力消费反弹，带动煤炭消费由减到增，“一煤独大”局面恐难以显著改善。近年来，在新发展理念指引下，在生态文明建设和大气环境治理政策的“紧”约束下，在供给侧结构性改革以及能源生产和消费革命战略的推动下，2012—2017年煤炭消费占一次能源消费的比重平均每年下降1.3个百分点，煤炭在一次能源消费中的比重共下降了8.1个百分点。在能源环境成效上，不仅遏制住了大范围的空气污染加剧，也使许多地区重新燃起了改善生态环境的希望。2018年，我国能源消费增速明显反弹，能源消费弹性系数超过0.5，电力消费弹性系数重新超过1，煤炭消费一改从2013年以来逐年下降的态势，上涨了0.9%。由于我国煤炭消费总量占了全球的一半以上，导致全球煤炭消费增长了1.4%、能源消费排放的CO_2增长了2.0%。如果我们对这种趋势不加以警惕，甚至还要在“十四五”时期加剧这种势头，那么我国巩固生态环境治理成果、保障生态安全的难度将显著增加。

第三，新能源产业发展遇到新瓶颈，持续壮大发展呼唤新模式。我国新能源发电长期面临补贴不足、补贴拖欠的困境，风电、光伏即将迈入“平价上网”新时期，其间必须有效解决补贴问题。虽然新能源发电技术成本快速下降，但土地、融资及并网等非技术成本居高不下，已成为新能源平价上网的新阻碍。此外，分布式清洁能源贴近用户，可大幅降低补贴需求，发展潜力巨大，却受制于管理体制僵化而发展缓慢，“十四五”期间必须有所突破。储能、电动车充电等新能源技术能够平抑风光电波动，但与微电网、多能互补等新商业模式一样，虽然近年来发展得如火如荼，但盈利模式单一、推广难度大，多数项目还处于示范甚至亏损的境地。要解决清洁能源产业发展中面临的新旧问题，必须要有新的思路、新的模式。

第四，我国能源开发利用格局发生新变化，资源富集地区能源转型任重道远。随着产业转型升级和去产能的持续推进，南方部分地区小煤矿关闭退出力度大，煤炭释放先进产能和产量向“三西”地区集中，煤炭生产集中度持续提高，加大了煤炭大省治理和修复生态环境的难度和风险。当前资源富集地区所谓的能源转型仍以传统扩张型为主，个别地区以保障能源安全为名，大力发展煤制油、煤制天然气等煤化工项目，燃煤电厂规模和发电量反弹，“一煤独大”的经济特征有加剧的风险。还有地区借“绿色发展”之名，一哄而上，无序发展氢能产业、氢燃料电池、储能技术，这样不仅会造成不必要的投资烂摊子，还会引发新一轮新旧产能过剩，与真正的绿色转型发展背道而驰。

（三）“经济承受”风险

“十四五”时期是我国建设社会主义现代化强国的起步期，面临经济下行压力，全社会用能成本居高不下甚至有所抬升，将使经济发展面临不可承受的风险，成为迈过“中等收入陷阱”的阻碍因素，也将阻碍绿色转型的顺利推进。

一方面，随着我国能源转型进入攻坚阶段，“十四五”时期能源开发成本面临上涨压力。我国石油产量已连续两年下降，未来国内油气勘探开发主要向“深海、深层、非常规”的资源区发展，原油中的稠油、低丰度原油、页岩油等占比增加，天然气的新增产量主要来源于超深层、低渗致密、高含硫、火山岩、页岩等复杂气藏，品位相对较低，勘探开发难度和成本将明显加大。我国剩余待开发的水电资源集中在西南崇山峻岭之中，开发难度大、外送成本高。例如，“十三五”期间投产的澜沧江上游水电站单位千瓦造价是光伏发电的 3 倍，经过上千千米的线路输送至广东，价格上已缺乏竞争力。三代核电技术增加了诸多安全保护措施，使核电成本居高不下，四代核电机组经济性更差，还需要相对较高的电价保护。风电、光伏发电等新能源虽然成本快速下降，但要全面平价、摆脱对补贴的依赖，预计要到“十四五”后期才能实现。

另一方面，能源体制机制改革进入“深水区”，重点领域改革亟待新突破。近年来，我国大幅取消和下放能源领域行政审批事项，深入推进电力、油气等领域体制改革，激发了能源领域市场活力和创新动力。但是，能源要素市场化改革依然滞后，适应能源革命的体制机制尚不完善，包括油气上游资源勘探开发、电网建设等领域未实现公平准入，是用能成本较高的重要原因；市场决定能源价格机制尚未形成，政府对油气和电力等进行定价，对煤炭价格也有较多管制，使煤电矛盾长期不能有效化解，“油荒”和“气荒”时有发生，煤炭、煤电等传统高碳能源在产能过剩严重的背景下还要继续扩大产能，经济效益堪忧，反过来制约了全社会用能效率提升和成本下降。“十四五”时期降低全社会用能成本的关键在于体制机制改革，需要直面挑战，攻坚克难。

（四）综合评判

随着中国特色社会主义进入新时代，我国能源发展的主要矛盾已由过去数十年能源需求总量快速增长和供应能力不足的矛盾，转化为发展不绿色、人民美好生活需要不能充分满足的矛盾。近年来，我国装备制造能力大幅提高，能源供应能力提升已经不再是短板，火电站建设工期已经从 2~3 年缩短到 1 年左右，短期内实现扩产能、上产量难度大大下降。同时，我国能源需求增长放缓，对能源环境的友好程度、能源服务的贴心程度、多能源品种便捷经济的需求更为迫切。这种转变是随着我国工业化、城镇化进入中后期的必然结果，能源消耗长时间大幅度增长的可能性已明显下降。如何提高能源绿色发展水平、更好满足广大人民美好生活的需要，正在上升为新时代能源发展的主要问题。

首先，我国能源消费总体自给率大于 80%，能源供应安全风险总体可控。我国油气进口对外依存度高提升了能源风险，但也要看到，主要油气出口大国如沙特阿拉伯、俄罗斯、卡塔尔等，其经济安全和社会稳定严重依赖油气出口收入，对中国这一庞大的进口市场存在不可替代的依赖性，只要大国间不发生大规模军事冲突，以我国目前的综合国力和保障能力，可保障我国的油气供应安全。

其次，“十四五”期间，如果能源结构不能持续快速优化，化石能源的基础设施一旦投入就将使用20~30年，将严重制约经济高质量发展，也意味着建成美丽中国目标很难实现。这是由未来经济社会发展的终端电气化、行业数字（智能）化、电力绿色化这三大特征所决定的。如果高碳能源结构不能得到优化，绿色能源增长缓慢，将使以电动汽车为代表的新型制造业和以大数据云计算为代表的新型信息产业发展受到更多质疑，新产业发展受阻进而失去正当性和合理性；此外，在新发展理念发展框架下，与化石能源相关的生态环境损失将进一步计入能源成本，从而使能源系统供给成本增高，且具有中长期不可逆转的趋势，不利于全社会降成本。

最后，“十四五”时期将突出能源结构优化、深化体制机制改革摆在首要位置，是统筹应对绿色转型风险、经济承受风险和安全供应风险的治本之策。突出能源结构优化，深化能源体制机制改革，抑制高碳化石能源消费增长，促进可再生能源大发展，可大大缓解能源消费总量不断攀升和用能成本上涨的压力，有利于保障长期国家能源安全和提升产业竞争力。突出能源结构优化，有利于对能源布局进行合理的调整，推动能源布局从集中式发展转到集中式与分布式融合发展。东南沿海地区和主要能源输入省份普遍拥有各类分布式可再生能源资源，具有技术创新优势和利用更多国际能源的资源优势，辅之体制机制改革，发展出更多质优价廉的本地化能源供应，推动能源消费结构清洁化和低碳化、能源供应结构本地化和外供能源多元化；经济发达地区更多依靠本地化供应满足其未来新增能源需求，将降低对西部地区集中式化石能源基地的依赖，也能真正为西部地区推动绿色转型“解套”。

五、“十四五”时期我国能源发展的基本思路

（一）总体思路

1. 以2035年深度融入全球能源体系作为我国中长期能源发展的战略目标

“十一五”时期，我国提出建设“稳定、经济、清洁”的能源体系；“十二五”时期，我国提出建设“安全、稳定、经济、清洁”的能源体系；“十三五”时期，我国提出建设“清洁低碳、安全高效”的能源体系。但是直到目前，我国85%的能源产业还是传统的高碳产业，不少产业名曰“绿色发展”，实际上没有真正走上低碳化道路。长期以来，我国在能源发展的过程中过于强调煤炭资源丰富的国情、煤炭对能源安全的保障作用、煤炭对稳定能源价格的基础性作用，导致我国能源发展与世界能源清洁化、低碳化的主流难以保持一致。

党的十九大报告提出了2035年基本建成社会主义现代化国家、美丽中国基本实现的宏伟目标。从国际上看，推动全球碳排放总量达到峰值并逐渐下降已经成为世界各国能源发展的共识，从化石能源向可再生能源和清洁能源转换已经成为全球大势所趋，大幅提高可再生能源比例已经成为全球能源发展的终极解决方案。我国必须建立2035年二氧化碳排放得到有效控制、可再生能源比重大幅提高的能源绿色发展目标，从而加快融入全球经济社会发展。

2. 从2035年目标出发反推确定“十四五”能源转型目标和路径

“十四五”时期不应延续前几个五年规划外推的发展模式，必须以2035年“绿色、安全、经济”和融入全球低碳发展潮流为目标，反推确定“十四五”时期能源转型的目标和路径，加速推进“能源革命”，加快摆脱以化石能源为主的传统发展道路，以确定“十四五”时期能源转型目标和

路径作为全面迈向2035年新能源发展目标的第一步。

“能源安全”和“能源绿色发展”并不矛盾，以拼命获取化石能源提高“能源安全”是饮鸩止渴，以加速推进“绿色发展”提高“能源安全”才是无悔抉择。要建立以“能源绿色发展”提高“能源安全”的新思路，强调“节能是第一能源”“节能和可再生能源是最安全、最可靠的能源绿色解决方案”，切实推进节能增效和可再生能源发展，才能从根本上提高能源安全水平，避免“头痛医头、脚痛医脚”，从而使我国更快融入世界发展的主流和未来全球能源变革主流。因此，“能源安全”和“能源绿色发展”并不矛盾，能源绿色发展才是解决能源安全问题的必由之路。“十四五”时期，我们更需要把全部精力集中到绿色高质量转型上来，强调“绿色就是安全”的新理念，加快能源绿色转型，降低能源安全风险。因此，在考虑“十四五”时期的发展特征，对“绿色、安全、经济”三个关键词进行排序时，要把“绿色”放在“安全”之前。

3. 把“绿色、安全、经济”作为“十四五”时期能源转型的新目标、新定位

2035年基本建成社会主义现代化国家，能源必须实现以“绿色、安全、经济”为特征的全新的发展形态。因此，要把“绿色、安全、经济”作为“十四五”时期能源转型的新目标、新定位，为我国2035年基本建成社会主义现代化国家和经济高质量发展奠好基、开好头。

“绿色、安全、经济”三个指标中，判断能源绿色发展有三个标志：一是生态环境损失最小。例如，与煤炭开采相关的地表塌陷、地下水污染、植被破坏等问题大幅减少，与燃煤电厂相关的温室气体排放等问题大幅减少等。二是环境污染最小。例如，燃煤电厂、钢铁厂使用化石燃料导致的二氧化硫、氮氧化物、细颗粒物等污染物排放大幅下降。三是资源利用效率大幅提高。例如，产生同样国内生产总值或者同样生产1吨钢，能源的消耗大幅度下降。判断能源安全有三个标志：一是可供资源有保障，

二是平均价格可接受，三是产供储销体系畅通有弹性。判断“经济”有三个标志：一是人们可承受，二是全社会投入产出效益高，三是市场机制在资源配置中发挥主导作用。

要以绿色转型为统领，“绿色、安全、经济”三者协调发展。“绿色、安全、经济”三个目标要以绿色转型为统领、为最终目标，同时“绿色、安全、经济”三个指标统筹兼顾、协同发展。不能因为“十四五”时期能源安全风险更加敏感，就不计成本地开采国内油气资源，能源安全风险防范过当将导致绿色发展和经济合理的目标受损，使我国在化石能源传统发展道路上越走越远。不能因为强调绿色发展，就不惜一切代价大搞政府补贴，导致政府负担加剧，老百姓经济无法负担。不能因为强调经济性、能源降成本，就不推进能源领域外部成本内部化，对与能源开发利用相关的生态环境损失置之不理。“绿色、安全、经济”三个目标不能只强调一个，不顾另外两个。

4. 从“总量—结构—布局”思路切换到把绿色摆在统领地位的新思路上来

过去，我国制定规划基本都是首先考虑确保能源供应安全，尤其是煤油气电等主要能源品种充足、安全、稳定供应。为实现能源保供，制定规划采用的总是“总量—结构—布局”的思路，即先考虑满足总量需求，再分析结构，最后安排布局。这一思路往往把能源总量的供需平衡放在最突出位置，规划的目的和目标实际上都是满足能源总体及各主要品种的需求；“布局”是为了保障总量，是实现总量平衡的抓手和落地之处；“结构”经常作为总量平衡和布局实现后的一种“自然产生”的结果。

党的十九大以来，能源领域工作的重点已经从主要解决“有没有”的问题，转变为解决“好不好”的问题。我国能源发展的主要矛盾已由过去数十年能源需求总量快速增长和供应能力不足的矛盾，转变为发展不绿色、人民美好生活需要不能充分满足的矛盾。近年来，我国能源保障供应总体压力不大，能源短缺主要体现在个别地区、个别时段、个别品种上，而且通过新技术能够有效缓解短缺局面。内陆省份经济和能源发展的定位和需求已发生变化，其承担的供应东部能源需求的任务在本地区经济工作中的重要性逐渐下降，全面发展、绿色发展、可持续发展的需求不断上升。如果继续把提高能源供应总量放在规划首要位置，可能会引致新的产能过剩、地方生态环境恶化、各地区难以市场化配置资源等负面效果。

制定新时代能源发展规划，必须将绿色发展摆在统领地位，要从集中式发展布局转到集中式与分布式融合发展的格局。对东南沿海地区和主要能源输入省份，突出能源结构优化，推动能源消费结构清洁化和低碳化、能源供应结构本地化和外供能源多元化，通过发展出更多本地化能源供应，既能满足未来新增能源需求，也能为西部地区推动绿色低碳发展“解套”；突出能源结构优化，可使能源消费总量不断攀升的压力大大降低，也有利于能源布局真正合理地调整。

总之，“十四五”时期要坚持“绿色统领、优化结构、改革开道、融入全球、防范风险”的新发展思路。

（二）主要目标

在第三章模型分析的基础上，课题组提出了“十四五”时期和中长期我国能源发展的目标。

1. 能源消费总量

2025 年，化石能源消费总量控制在 44 亿吨标准煤以内，煤炭消费量控制在 39 亿吨以内。如果化石能源消费量不控制在 44 亿吨标准煤以内，中长期二氧化碳排放将难以控制在较低水平。考虑到 2025 年全社会用电量将达到 9.6 万亿千瓦·时左右，一次能源消费总量预计将为 56 亿~57 亿吨标准煤。2035 年，化石能源消费量需控制在 37 亿吨标准煤以内，煤炭消费量继续下降到 26 亿吨，一次能源消费总量预计为 62 亿~63 亿吨标准煤。

2. 能源消费结构

2025 年，只有把煤炭消费比重降低到 48%以下，才能进行较大力度的优化。预计 2025 年天然气消费比重将达到 11%左右，非化石能源消费比重可以提高到 23%以上。在终端能源消费结构优化方面，经过努力，电力消费占终端能源消费的比重可以从 2018 年的 26%提高到 2025 年的 34%左右。

3. 能源供给结构

“十四五”时期，能源供给侧结构性改革将取得重大进展。2025 年可再生能源发电量比重可达到 38%。为了给可再生能源加快发展提供充足的灵活性调峰服务，煤电机组的灵活性改造完成率必须达到 40%以上。

4. 能源安全保障

“十四五”时期，石油进口依存度不超过 72%，天然气进口依存度不超过 50%。为了进一步补足短板，石油储备能力需要提高到 90 天进口量（1 亿~1.2 亿吨），天然气应急储备占全年消费量的比重需提高到 15%。

5. 能源系统效率

各类能源技术效率持续提升，能源系统效率明显改善，2025 年单位国内生产总值能耗比 2020 年下降 14%左右。

6. 能源成本可控

能源市场化改革不断深化，2025 年新能源全面摆脱补贴依赖，化石能源成本可控并力争下降。

7. 碳排放峰值

碳排放力争在 2030 年前达到峰值。

（三）关键举措

为了实现“十四五”和中长期能源发展的主要目标，本书提出了我国能源发展的五大关键举措。

1. 真正从严控制化石能源消费

“十四五”时期，要以控制化石能源消费总量制度替代原有的一次能源消费总量控制制度。第一，能源消费总量控制制度要促进当地的清洁能源加快发展，特别是当地生产、当地消费的可再生能源。要将一次能源消费总量控制改为化石能源消费总量控制，使能源消费总量控制的范围更加精准。第二，能源消费总量控制制度必须有利于遏制化石能源的跨区调度和远距离输送。北煤南运和从煤炭基地调配出来的煤电必须计入最终能源消费地区。水电风电和太阳能发电调配出来的电力则不计算在最终能源消费地区，以推动可再生能源的消纳。第三，建议不再使用自上而下层层分解的办法对化石能源消费进行控制和考核，改为建立地区化石能源消费量预算制度和化石能源消费量第三方专家评估队伍，对化石能源消费进行客观评估。第四，作为化石能源消费量的延伸，有必要对燃煤发电装机总量从严控制。“十四五”末，把化石能源消费控制在 41 亿吨标准煤以内。

2. 以优化结构为核心进一步深化能源供给侧结构性改革

将煤炭占一次能源消费比重下降纳入“十四五”能源发展预期性目标，推动生态损失大、环境污染重、煤炭品质低的煤炭生产能力逐步退出市场。将可再生能源占一次能源消费比重作为“十四五”能源发展预期性目标，并分解到各省（区、市）。在“十四五”能源规划中，加快调整清洁能源产业产值占 GDP 比例、清洁能源产业投资占能源投资比例、清洁能源产业就业占能源行业就业比例、可再生能源研发投入占能源研发投入比例等指标，推动供给侧结构性调整向绿色低碳的方向迈进。“十四五”末，煤炭占一次能源消费的比例要降到47%，非化石能源占一次能源消费的比例达到25%以上。

3. 能源集中式与分布式并重发展

推动能源体系从集中式向集中式与分布式融合转变。长期以来，我国采用的是以大容量、高参数、远距离为主要特征的集中式能源系统。在这一思路下，我国采取西电东送、北煤南运的能源集中供应方式。但是过于依赖西电东送、北煤南运，在一定程度上阻碍了东部地区能源的低碳清洁转型，使东部地区难以更多地依靠自身力量和区位优势充分利用国外经济性更好的清洁能源资源，而且进一步加大了西部富煤地区的资源产业集中度，加剧了西部生态环境破坏。因此，要充分调动东南沿海地区主动实施能源结构调整的积极性，适度降低对西电东送、北煤南运的依赖。“十四五”末，分布式光伏发电装机容量占光伏发电总装机容量的比例要努力超过60%，东中部非水电可再生能源就地就近开发消纳的装机规模要达到2亿千瓦以上。

4. 大幅降低能源领域非技术性成本

“十四五”时期要坚持深化改革，大幅度降低非技术性因素导致的能源高成本。要加快电力、天然气等行业改革，打破上游、下游市场垄断，加强电力、油气管网输送成本监管和信息公开，降低市场垄断导致的高成本。针对我国化石能源补贴全球排名第二的现实状况，要大幅度减少化石能源补贴，推动消费者重新认识化石能源的市场价格，推动新能源和可再生能源加快发展。要深入改革能源价格形成机制，能源价格要反映不同时间段、不同地域的供求关系动态变化，反映能源资源稀缺程度，反映资源环境外部性特征。

5. 建立国家能源安全预警系统

高度重视，加大政府资金投入力度，加快建立国家能源安全预警信息系统。全面整合能源信息渠道，建立与国际组织的数据交换机制，提升国际能源信息来源多元性和及时性，健全国内能源统计体系，建设强大的全球能源数据库。充分利用大数据技术和现代信息统计分析手段，建立健全科学有效的预测预警分析方法，增强数据和信息分析及预测能力。建立能源安全预警工作和报送制度，建立分层级安全预警信息机制，甄别不同级别的分析和政策建议报告，报送至不同层级的决策部门。

“十四五”时期能源发展主要目标、关键举措和重点任务之间有着紧密的联系。其中，关键举措是“十四五”时期能源发展的关键和“牛鼻子”，在下一步工作中发挥着“牵一发而动全身”的作用；重点任务是“十四五”时期在工作层面的全面部署和转型环境营造。关键举措与重点任务之间既有联系又有区别（见图 5-16）。

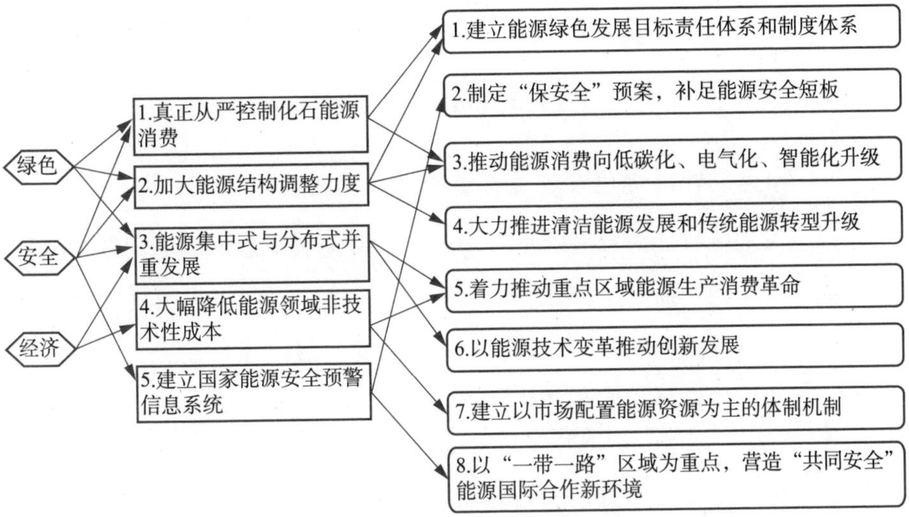

图 5-16　“十四五”时期能源发展主要目标、关键举措和重点任务的关系

六、“十四五”时期我国能源发展的战略重点

“十四五”时期能源发展的重点任务，主要从明确责任、推动工作、营造环境三个层面出发，确定了八项重点任务（见图 5-17），以支持“十

四五”时期“绿色、安全、经济”的发展目标能够实现。

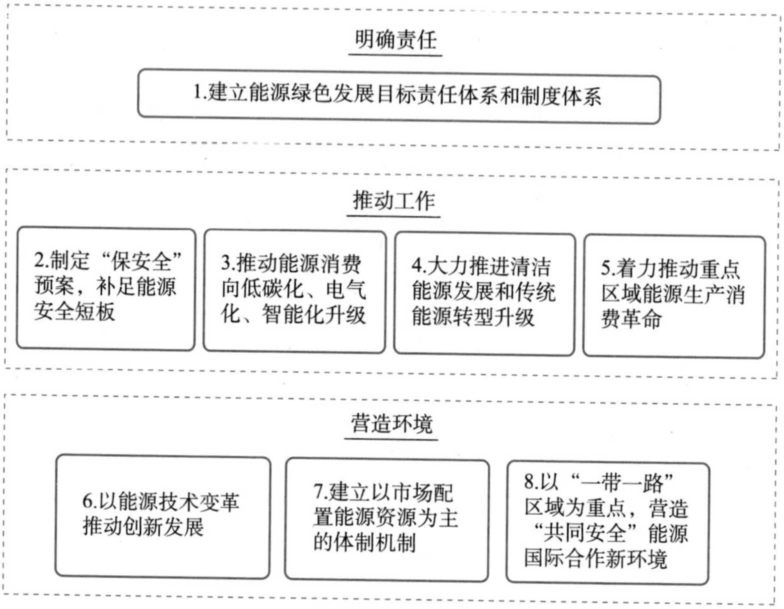

图 5-17 “十四五”时期能源发展的战略重点

（一）建立能源绿色发展目标责任体系和制度体系

绿色发展统领能源发展既是“十四五”时期要重点破解的问题，也是中长期能源发展中需下功夫处理好的关键问题。必须在“十四五”期间建立起促进绿色发展的长效体制机制，构建能源发展以绿色发展为引领、为内涵、为约束的格局，实现能源发展以绿色发展为引领，与绿色发展相融合。

建立促进能源绿色发展的目标责任体系。要设立化石能源消费总量、单位 GDP 能源消耗指标、非化石能源比重指标、终端用能电气化比重、绿色能源建筑比重及农村城镇居民生活用电量等指标，建立反映能源转型支撑绿色发展的评价指标体系。建立全面的目标责任考核体系，从目标自上而下倒逼绿色发展统领能源发展。

构建促进能源绿色发展的制度体系。建立绿色财税、绿色金融制度，综合运用减免税、出口退税、加速折旧等手段，完善绿色能源金融标准体系，引导资金、技术、人才等要素逐步向绿色能源方向流动。采取碳税、绿色能源证书等市场化方式，对化石能源的资源稀缺性、环境外部性进行合理量化，为非化石能源建立合理公平的市场竞争环境。通过采取促进绿色发展的市场化措施，引导市场主体主动加强绿色能源开发利用。

（二）制定“保安全”应对预案，补足能源安全短板

能源安全面临的新形势，要求我们强化底线思维和风险意识。“十四五”期间，应建立分层级安全应对机制，加强油气勘探开发和储备保障体系建设，统筹应对传统和非传统能源安全风险，努力实现化危为机。

建立分层级安全应对机制。做好不同情景下的预测、规划，建立国家能源安全分层级预警应对机制。针对“十四五”时期能源安全面临复杂多变的国际形势，密切跟踪热点能源地区地缘政治变化，综合研判事态演进，以便分层级应对。建立完善涵盖国家、部门、地方以及重点供能用能企业的分层级分领域能源安全预案体系，制定分层级应急预案，明确不同级别启动条件和应急调节次序。

提升和保持油气自我供应能力。深化改革、放开准入，广泛引入社会资本和技术，稳妥吸引外资进入上游勘探开发领域，促进国内油气增储上产，力争到“十四五”末实现天然气产量2000亿立方米以上，石油产量保持在1.8亿~2.0亿吨水平，根据新探明资源情况可进一步提升产量。同时，因地制宜，巩固和提升煤制油气技术创新储备，维持一定规模的产能，为保障极端条件下的能源安全助一臂之力。

增强油气战略及应急储备能力。完善油气储备法律体系，将油气安全全面纳入法制化轨道。创新石油储备管理体制和管理方式，提升国家战略储备和商业储备整体水平，在国际油价适宜的情况下，迅速补齐短板，力争到“十四五”末形成1亿~1.2亿吨的全社会石油储备能力。进一步明确地方政府、上游供气企业、城燃企业和大工业用户的储气设施建设主体

责任，加快建立与国内天然气市场需求相适应的多层次天然气应急储备体系，天然气应急储备调峰能力提高到全年消费量的15%。推动区域油气储备设施共建共享，协同保障区域能源安全。

提高应对非传统能源安全风险的能力。构建电网安全综合防御体系，强化电力系统信息安全防控，提高网络攻击防范能力。增强油气管网安全运行能力，完善油气管网联防长效机制及应急处置预案。提升对各类来源不明攻击的防范能力，保障国际国内能源供应链安全。

（三）推动能源消费向低碳化、电气化、智能化升级

“十四五”时期，我国高耗能工业产品的需求将接近或达到饱和，基础设施年均增加规模接近峰值，居民住宅面积将接近饱和，冰箱等部分家用电器百户拥有量也将接近饱和。但是，随着制造业、服务业的全面升级，加之人民收入水平提高，人们对能源服务清洁、安全、便捷、舒适程度的要求越来越高，经济承受程度也相对有了一定程度的提高，与之相对应的能源服务也必须向高质量方向升级，能源发展必须顺应广大居民消费升级的大趋势。

推动工业能源电气化和工业余能回收利用。提升电力系统供应能力和质量，支持工业电力消费加速增长。推进工业余热、余压、余能应用，力争发挥3亿~5亿吨标准煤潜能。用能系统优化，通过跨企业、跨行业、跨地区余能资源整合，建立工业用能高效智能、经济便捷、利益共享、多能互补的能源利用新模式。

全面推广高质量清洁取暖和散煤替代。把建筑保温节能改造作为高质量清洁取暖的第一步。制定相对统一的北方地区清洁取暖方案，因地制宜推广太阳能、生物质能、地热能等可再生能源替代传统能源，实现散煤燃烧取暖的长效、经济替代。在东北地区重点推广生物质固体燃料，西北地区重点推广太阳能热利用取暖和可再生电力取暖，华北地区和两淮地区重点推广水源热泵、地源热泵、空气源热泵取暖。

在衣食住行领域，全面推广节能低碳新技术、新模式、新业态。推广高效用电和可再生能源就地利用新技术、新产品和共享经济新模式。鼓励购买绿色建筑，采购高效节能家用电器。倡导开窗通风、晾晒衣物等绿色生活行为。倡导公交出行、地铁出行，鼓励消费者利用共享汽车、共享单车等新模式、新业态。推动以纯电动汽车、插电式混合动力汽车、氢燃料电池汽车为代表的新能源汽车替代传统燃油车。

（四）大力推进清洁能源发展和传统能源转型升级

“十四五”时期，需要进一步推动能源领域供给侧结构性改革，补足清洁能源高质量发展和传统能源清洁高效发展的短板，严格控制一些高碳化石能源产能过剩的风险。

促进清洁能源高质量发展。建立促进清洁能源消纳的市场化机制：在发电侧，通过制定辅助服务、两部制等价格机制，让火电企业获得合理收益，愿意提供系统安全平衡必要的技术支撑；在用户侧，通过用户侧分时、峰谷、可中断电价等价格手段，鼓励用户通过需求侧管理、分布式发电、储能等多种技术途径，引导用户分担系统压力；在调度侧，提高跨省、跨区域清洁能源电力外送电量比例，多用市场手段引导区域电力互济流动。建立可再生能源配额指标体系，加强对地方政府清洁能源电力消纳指标的考核。

推动煤炭绿色开发和智能化生产。严格以绿色化无害生产和煤矿区实现生态修复治理为标准，大力推进煤炭行业的绿色化生产水平，建设绿色矿山。建立煤矿清洁生产评价体系，因地制宜推广充填开采、保水开采、煤与瓦斯共采等绿色开采技术。加强煤矿生产的智能化改造，建设智能矿山体系。做好传统煤炭产业与新产业的转换衔接，推进采煤沉陷区治理，利用采煤沉陷区、关闭退出的煤矿工业场地，发展风电、光伏、现代农业等产业。

严格控制煤电发展规模。考虑到电力需求及煤电利用小时变化，煤电规模控制在11亿千瓦比较合适，为此，需加强规划、指导、约束作用，严控各地新增煤电产能。研究清洁能源发展与煤电协调健康发展机制，进一步推进煤电灵活性改造，增强煤电调峰能力。

（五）着力推动重点区域能源生产消费革命

推动形成优势互补、高质量发展的区域经济布局是新时代党中央重大区域协调发展战略决策。“十四五”时期，必须按照生态文明建设对能源发展的新定位，研究促进能源发展与国家区域协调发展战略深度融合的方式和途径，加快推进重点区域能源生产消费革命，有效支撑国家战略目标的实现。

加快能源资源富集地区能源消费革命。在山西、内蒙古等能源资源大省（区），要加强能源消费革命，通过强化能源总量、结构及环境质量约束，推进能源科技创新，深化能源体制改革，不断构建清洁低碳用能模式，实现本地能源的绿色化利用；同时，逐步降低煤炭开发利用强度，弱化对煤炭资源型发展模式的依赖，实现区域经济发展的包容性、平衡性和持续性。

在能源消费区加大能源生产革命力度。推动分布式清洁能源优先发展，逐步摆脱敞口式能源调入模式。持续提高能源效率，尽可能减少煤炭消费，扩大清洁能源消费，持续提高终端电气化水平。着力构建以分布式能源、清洁能源和智慧能源为主的区域能源发展新模式。

推动城市群地区能源基础设施互联互通、共建共享。在京津冀、长三角和粤港澳等地区，推动域内电网、油气管网、热力管网互联互通，统筹安排LNG接收站、储气库、电力调峰资源建设和布局，最大限度减少重复投资，提高资源利用效率。

（六）以能源技术变革推动创新发展

顺应世界能源科技变革大势，按照能源技术革命创新要求，“十四五”时期在能源新技术、新模式和新业态培育发展方面取得显著进展，推动能源创新发展。

以技术创新推动能源成本下降。健全“领跑者”制度，全面推动风电、光伏发电新项目平价上网。推广应用煤炭绿色无人开采技术，引进、消化和吸收深海深层和非常规油气勘探开发技术，着力降低传统能源开发成本。加强大数据、云计算、人工智能、3D打印等先进技术在能源领域的应用推广力度，推进“互联网+”智慧能源发展，构建能源生产、输送、使用和储能系统集成、经济高效的能源互联网。

推动能源新模式和新业态应用。积极推进构建多能互补能源服务模式，供应侧推进风、光、水、火储多能互补发展，需求侧加强热、电、冷、气等能源生产耦合集成和互补利用。开展储电、储热（冷）等多类型、大容量、高效率储能系统示范工程。推动能效电厂、需求响应电厂等新模式的构建和发展，推广智能化分布式光伏及微电网应用。

鼓励引导能源技术突破和示范应用。重点支持新型建筑保温材料、高效燃气轮机、新一代储能设备、氢燃料电池、钙钛矿电池、石墨烯等领域基础创新、技术突破及产业化应用。加大全产业链氢能技术研发力度，推动氢能利用场景示范。

（七）建立以市场配置能源资源为主的体制机制

“十四五”时期，应继续以电力、油气体制改革为能源市场体系建设重中之重，以扩大国内市场开放竞争程度和深化能源国有企业改革为关键，辅之以能源信息公开发布机制，初步构建竞争充分高效、信息准确完备、预期引导有效的现代能源市场体系，完善政府能源治理体系，使之与市场有效衔接，从而使市场真正发挥配置能源资源的决定性作用，同时更好地发挥政府作用。

以建立统一开放的电力市场为核心，深化电力体制改革。推进配电网放开，深化售电侧改革，不断完善电力市场交易机制，逐步形成分时电价乃至实时电价的价格机制。努力打破省际壁垒，推动区域和全国电力市场建设。建立以“准许成本+合理收益”为核心的电网输电定价制度，健全电网有效投资认定和审查办法。

以扩大竞争性环节市场化配置资源为目标，加快油气体制改革。在资源勘探开发环节，逐步向社会资本放开，盘活探矿权存量；在管网输送环节，完善管网公平接入机制和投融资机制；在油气加工环节，加强税收、质量、安全和环保监管，通过市场竞争实现优胜劣汰；在销售环节，允许各类型企业参与批发和零售环节业务；在进出口环节，赋予外资企业油气进口资质，允许符合资质的各类原油加工企业使用进口原油，支持各类企业积极开拓国际天然气市场，鼓励各类企业参与 LNG 接收站建设。

构建有效引导市场预期的能源信息发布机制。依托现有统计力量，构建全社会能源信息大数据平台，及时公开发布各类权威能源市场信息。鼓励各类行业协会、社会组织等数据信息接入，建立信息分享、甄别机制，提高能源信息传播效率和质量。基于各能源期货、现货交易中心数据，构建全面的能源市场指数，向全社会及时发布，引导市场预期。

推动政府能源治理与能源市场体系建设相衔接。按照“充分发挥市场在资源配置中的决定性作用，更好发挥政府作用”的要求，推动政府能源治理变革，使其真正与能源市场体系建设有机融合。新发展理念下，政府既要保持战略定力，坚定不移推动能源绿色低碳发展转型，又要与市场更好衔接，不是通过产业政策和重大项目投资，而是更多运用经济手段，有效激励和引导市场主体共同实现国家战略规划目标。制定专项规划、产业政策、调控政策等要有酝酿期，要引导社会公众积极参与，充分考虑市场主体情况。继续深化“放管服”改革，加强与企业多层级沟通，把政府调控意图与企业自主经营有机融合。

（八）以“一带一路”区域为重点，营造“共同安全”能源国际合作新环境

面对百年未有之大变局，“十四五”时期应保持战略定力，坚定开放

发展，继续深入实施能源对外开放与合作战略，紧抓“一带一路”建设重大机遇，积极参与全球能源治理，提升我国话语权和影响力。

加强与“一带一路”沿线国家能源务实合作，寻求与发达国家能源合作新领域，维护全球能源市场稳定。巩固与“一带一路”沿线国家在油气勘探开发、油气管网互联互通、非化石能源开发利用、能效提升等领域的合作。强化与“一带一路”沿线重点国家和地区的绿色能源开发、能源可及性等领域合作；密切与欧洲国家在能源技术研发、能源转型及应对气候变化等领域加强合作，并积极参与同发展中国家的能源合作。

坚定携手维护多边秩序，持续提升我国在全球能源治理中的话语权和影响力，营造对我国能源安全有利的全球能源发展环境。扩展和深化与OPEC、IEA、能源宪章组织等现有全球能源治理机构的合作，积极推动和参与多边能源法律规则的改革进程，共同维护全球能源市场稳定。增强G20、APEC、上合组织、中非论坛、中欧领导人峰会、中国—拉共体论坛等对促进多边能源合作的引领作用，促进市场深度融合。利用“一带一路”能源资源伙伴关系平台，建立供应国与消费国之间的信息沟通机制、金融支持和监管机制、合作纠纷协调和解决机制等，形成适合发展中国家和新兴经济体的能源治理机制。

参考文献

[1] IEA. World Energy Outlook 2018 [R]. 2018.

[2] BP. Energy Outlook 2018 [R]. 2018.

[3] BP. Statistical Review of World Energy 2019 [R]. 2019.

[4] IPCC. Global Warming of 1.5℃ [R]. 2018.

[5] IRENA. Global Energy Transformation: A Roadmap to 2050 (2019 Edition) [R]. 2019.

[6] IRENA. A New World: The Geopolitics of the Energy Transformation [R]. 2019.

[7] IRENA. Renewable Energy Statistics 2019 [R]. 2019.

[8] EIA. Annual Energy Outlook 2019 [R]. 2019.

[9] EIA. International Energy Outlook 2018 [R]. 2018.

[10] RFF. Global Energy Outlook [R]. 2019.

[11] 习近平. 坚决打好污染防治攻坚战　推动生态文明建设迈上新台阶 [EB/OL]. (2018-05-20) [2018-07-17]. http://baijiahao.baidu.com/s?id=1600941295287079568&wfr=spider&for=pc.

[12] 习近平. 在深入推动长江经济带发展座谈会上的讲话 [EB/OL]. (2018-04-26) [2018-07-17]. http://politics.people.com.cn/n1/2018/0613/c1024-30055863.html.

[13] 习近平. 站在更高起点谋划和推进改革 [EB/OL]. (2017-08-29) [2018-07-17]. http://www.xinhuanet.com/politics/2017-08/29/c_1121565529.htm.

[14] 中共中央　国务院. 关于进一步深化电力体制改革的若干意见（中发〔2015〕9号）[Z]. 2015.

[15] 国务院. 国务院关于印发大气污染防治行动计划的通知 [Z]. 2013-09-10.

[16] 国务院. 打赢蓝天保卫战三年行动计划 [Z]. 2018-07-07.

[17] 国务院办公厅. 关于推广随机抽查规范事中事后监管的通知 [Z]. 2015-07-29.

[18] 国务院办公厅. 关于印发国家能源局主要职责内设机构和人员编制规定的通知 [Z]. 2013-06-09.

[19] 国家发展改革委，国家能源局. 能源发展“十三五”规划 [Z]. 2016-12-26.

[20] 国家发展改革委，国家能源局．电力发展“十三五”规划 [Z]. 2017-06-05.

[21] 新华社．我国节能环保产业增加值占 GDP 比重已超过 2% [EB/OL]. (2016-11-28) [2018-06-30]. http://www.xinhuanet.com/2016-11/28/c_1120007907.htm.

[22] 国家发展改革委．推动能源生产和消费革命战略（2016—2030）（公开发布稿）[Z]. 2016.

[23] 国家统计局能源统计司．中国能源统计年鉴 2000—2002 [M]. 北京：中国统计出版社，2004.

[24] 国家统计局能源统计司．中国能源统计年鉴 2004 [M]. 北京：中国统计出版社，2005.

[25] 国家统计局能源统计司．中国能源统计年鉴 2005 [M]. 北京：中国统计出版社，2006.

[26] 国家统计局能源统计司．中国能源统计年鉴 2006 [M]. 北京：中国统计出版社，2007.

[27] 国家统计局能源统计司．中国能源统计年鉴 2007 [M]. 北京：中国统计出版社，2008.

[28] 国家统计局能源统计司．中国能源统计年鉴 2008 [M]. 北京：中国统计出版社，2008.

[29] 国家统计局能源统计司．中国能源统计年鉴 2009 [M]. 北京：中国统计出版社，2010.

[30] 国家统计局能源统计司．中国能源统计年鉴 2010 [M]. 北京：中国统计出版社，2011.

[31] 国家统计局能源统计司．中国能源统计年鉴 2011 [M]. 北京：中国统计出版社，2011.

[32] 国家统计局能源统计司．中国能源统计年鉴 2012 [M]. 北京：

中国统计出版社，2012.

[33] 国家统计局能源统计司．中国能源统计年鉴2013 [M]. 北京：中国统计出版社，2013.

[34] 国家统计局能源统计司．中国能源统计年鉴2014 [M]. 北京：中国统计出版社，2015.

[35] 国家统计局能源统计司．中国能源统计年鉴2015 [M]. 北京：中国统计出版社，2015.

[36] 国家统计局能源统计司．中国能源统计年鉴2016 [M]. 北京：中国统计出版社，2016.

[37] 国家统计局能源统计司．中国能源统计年鉴2017 [M]. 北京：中国统计出版社，2017.

[38] 国家统计局能源统计司．中国能源统计年鉴2018 [M]. 北京：中国统计出版社，2019.

[39] 杨伟民．党的十九大报告辅导读本 [M]. 北京：人民出版社，2017.

[40] 吴敬琏．中国增长模式抉择 [M]. 上海：上海远东出版社，2008.

[41] 杨玉英．中国生产性服务业发展战略 [M]. 北京：经济科学出版社，2010.

[42] 韩文科，张有生．能源安全战略 [M]. 北京：学习出版社，海南：海南出版社，2014.

[43] 戴彦德，朱跃中，刘建国．从特朗普能源新政看中国能源安全形势 [J]. 中国经济报告，2017 (4)：70-73.

[44] 高世宪，朱跃中．依托“一带一路”深化国际能源合作 [M]. 北京：中国经济出版社，2016.

[45] 蒋钦云，刘建国，朱跃中．改革开放40年能源国际合作回顾及

新时代推进建议［J］. 宏观经济管理，2018（12）：12-18.

［46］崔成，刘建国，蒋钦云．特朗普“美国能源主导权”战略的重大冲击［J］. 中国经贸导刊，2017（33）：25-28.

［47］梁琦，朱跃中，刘建国．加强国际合作，维护国家能源安全［J］. 中国能源，2015（3）：18-21.

［48］国家发展改革委能源研究所课题组．能源生产和消费革命战略研究［R］. 2016.

［49］中国气象局气候变化中心．中国气候变化蓝皮书（2019）［R］. 2019.

［50］王蕴，肖潇，姜雪 . 2019 年上半年消费形势分析与展望［J］. 中国物价，2019（7）：20-22.

［51］仲云云．中国省际能源消费碳排放的区域差异与时空演变特征［J］. 生态经济，2018（4）：30-33.

［52］赵青．消费升级新动力［J］. 法人，2019（7）：30-33.

［53］蔚京．消费升级注入市场新活力，转型升级发掘家电业新动力［J］. 现代家电，2016（3）：54-57.

［54］徐绍史．积极发挥新消费引领作用　加快培育形成新供给新动力［J］. 中国经贸导刊，2015（24）：18-20.

［55］李俊峰．能源消费升级与发展转型［J］. 科学与管理，2018（1）：44-46.

［56］张锐．中国农村能源消费的结构升级路径研究［D］. 上海：上海交通大学，2017.

［57］刘静．我国农户生活能源消费升级研究［J］. 甘肃农业，2014（3）：14-16.

［58］俞薇．消费升级背景下居民低碳消费模式选择研究［J］. 商业时代，2012（28）.

[59] 徐顽强，李华君．能源开发　基建扩张　产业转移　消费升级：中部崛起提供的投资机会［J］．潮商，2006（1）：68-71.

[60] 展秀萍．中国能源消费强度的区域差异研究［J］．潮商，2006（32）：25，28.

[61] 吕明元，陈磊，王洪刚．产业结构生态化演进对能源消费结构影响的区域比较：基于京津冀地区与长三角地区的实证研究［J］．天津商业大学学报，2018（3）：9-19.

[62] 李旭洋，李通屏，邹伟进．互联网推动居民家庭消费升级了吗？——基于中国微观调查数据的研究［J］．中国地质大学学报（社会科学版），2019，19（4）：145-160.

[63] 中国国际经济交流中心课题组．中国能源生产与消费革命［M］．北京：社会科学文献出版社，2014.

[64] 范必．中国能源政策研究［M］．北京：中国言实出版社，2013.

[65] 景春梅．加强能源国际合作的思考［J］．能源，2018（2）：91-94.

[66] 卢延国．推进能源“大监管”的新选择［N］．中国能源报，2017-08-21（4）.

[67] 邱影．我国能源法律体系研究［D］．重庆：重庆大学，2011.

[68] 史丹，冯永晟，李雪慧．深化中国能源管理体制改革：问题、目标、思路与改革重点［J］．中国能源，2013（1）：6-11.

[69] 李文华．新时期国家能源发展战略问题研究［D］．天津：南开大学，2013.

[70] 刘东刚．中国能源监管体制改革研究［D］．北京：中国政法大学，2011.

[71] 张有生，杨晶，高虎，等．改革取得新进展　能源进入高质量发展的新时代［J］．宏观经济管理，2018（2）：31-37.

[72] 王君安，颜永才，易艳春，等．多层次视角下我国能源发展转

型历程、困境与对策［J］. 宏观经济管理，2017（11）：81-88.

［73］张磊，黄雄．我国能源管理体制的困境及其立法完善［J］. 南京工业大学学报（社会科学版），2011（1）：59-63.

［74］吴新雄．适应新常态 落实新举措 努力推动能源生产和消费革命［J］. 宏观经济管理，2015（3）：4-7.

［75］孙庆华．能源管理体制：由产业管理向宏观战略管理转变［J］. 西部论丛，2008（2）：34-36.

［76］肖兴志．“新常态”下我国能源监管实践反思与监管政策新取向［J］. 价格理论与实践，2015（1）：5-10.

［77］王秀强．多省能源配置“错位”：计划手段决定资源流向［N］. 21世纪经济报道，2014-07-03（05）.

［78］孟凡君．解决环境问题 需理顺基础能源比价关系［N］. 中国工业报，2015-11-26（A2）.

［79］李然．社会组织在社会治理机制中的作用研究［J］. 社会视点，2016（1）：183-184.

［80］张尚宇，王建州．社会治理的内涵、特征和功能浅析［J］. 胜利油田党校学报，2016，29（5）：64-67.

［81］张博．社会组织促进治理现代化问题探讨［J］. 理论探讨，2015（4）：39-42.

［82］何剑锋．社会组织承接政府职能转移的问题、原因及对策［J］. 地方治理研究，2016（2）：12-18.

［83］黄浩明，石忠诚，张曼莉，等．中国社会组织国际化战略与路径研究［J］. 社会组织研究，2014（9）：5-16，24.

［84］孙涛．以扩大公众参与推进社会治理体制创新［J］. 理论导刊，2015（11）：21-24.

附录一　榆林能源化工基地调研报告

推动西部能源基地转向高质量发展是贯彻落实国家能源革命战略和区域协调发展战略的关键。为精准发现和深入分析制约西部能源基地高质量发展的体制机制障碍，了解新形势下西部能源基地自身发展思路及转型进展，国家发改委能源所调研组于2019年7月22—24日赴陕西省榆林市了解榆林能源基地在当前发展中存在的问题和挑战，与榆林市政府开展推进能源生产和消费革命战略专题座谈，实地调研了榆林当地多家能源化工企业，了解在运、在建项目建设进展。

一、陕西和榆林基本情况

（一）陕西经济、能源概况

陕西经济增长潜力大、产业结构偏重。陕西GDP增速长期高于全国同期水平，2018年GDP为2.44万亿元，同比增长8.3%，在全国排在第15位。人均GDP为6.32万元，略低于6.45万元的全国平均水平。从产业结构来看，第二产业占据半壁江山，随着能源价格回暖，2016—2018年第二产业所占比重不降反升，由49%增长至50%，与全国40.7%的水平相比，陕西经济增长对第二产业更为依赖。

陕西能源经济占比高、煤炭产业地位突出。能源产业对陕西经济社会发展的贡献突出。2017年，煤炭开采、油气开采、石油加工、化学制品、电力等五大能源化工行业占工业总产值的比重高达38%，其中，煤炭产业占比更是达到 13%（见附图 1-1）。从 2016 年、2017 年工业总产值的增量构成看，五大能源化工产业合计贡献了 61%，煤炭相关产业占比达到了 27%，能源化工产业的驱动作用极为明显。

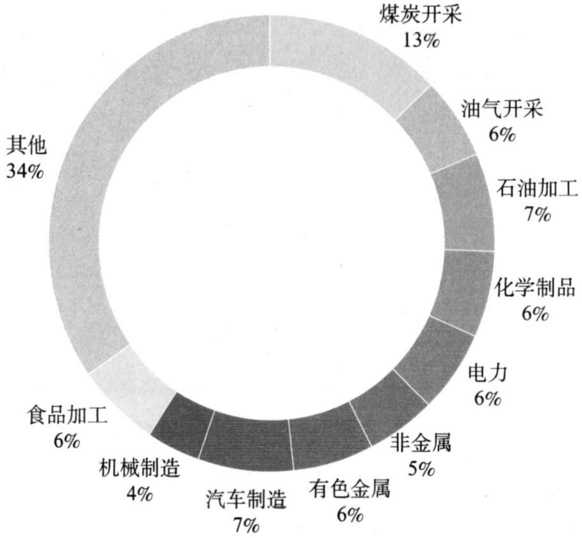

附图 1-1　2017 年陕西省工业总产值的分行业构成

（二）榆林经济、能源概况

榆林是陕西能源经济的集中体现。榆林位于陕西省最北部，处于黄土高原和毛乌素沙地交界处，是呼包鄂榆城市群的重要节点城市。2018 年，榆林地区生产总值达到 3849 亿元，经济总量居全省第二位，人均地区生产总值 11.3 万元，位于全省第一。陕西的能源资源主要集中于榆林。自 1998 年启动陕北能源化工基地建设以来，历经 20 年发展，能源产业在当地经济结构中已占据绝对主导地位，目前是国家涵盖煤电油气的综合能源基地。从资源储量看，榆林煤炭、石油和天然气探明储量分别为 1460 亿吨、3.6 亿吨、1.18 亿立方米，分别占全国总量的 8.8%、10.2%、19.6%。2018 年煤炭、石油、天然气产量分别为 4.56 亿吨、1050 万吨、167.2 亿立方米，分别占全国产量的 12.4%、5.6%、10.4%，对保障国家能源安全的重要性日益提升（见附图 1-2）。

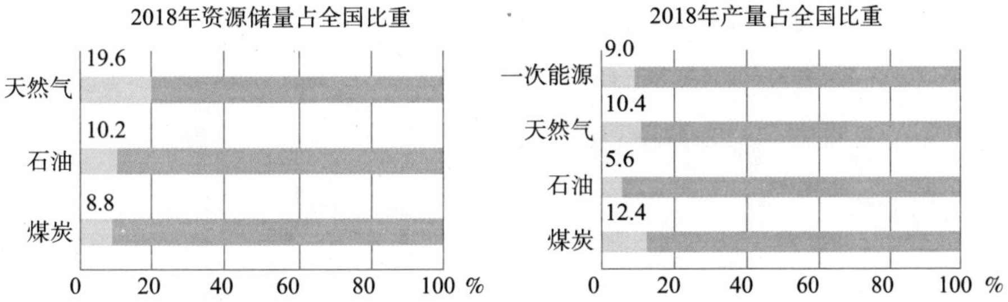

附图 1-2　2018 年榆林市资源储量和产量占全国比重

榆林产业结构“一煤独大”的问题极为突出。建设陕北能源化工基地的 20 年，也是榆林经济腾飞的 20 年。按照现价计算，2000—2018 年榆林 GDP 的复合年均增长率达到 22%，而同期煤炭产量的复合年均增长率为 20%，煤炭资源开发利用对经济增长的贡献尤为显著。从 2017 年分行业经济统计数据看，榆林煤炭开采及下游加工产业（不考虑运输等相关服务业）占地区生产总值的比重高达 40%，占规模以上工业总产值的 80%，占榆林税收的 70%，占城镇就业人口的 25%，经济运行受煤炭价格的影响极大（见附图 1-3）。当前榆林积极贯彻陕西省制定的“煤向电转化、煤电向载能工业转化、煤油气盐向化工产品转化”的“三个转化”战略，加大煤炭就地转化比例目标，“一煤独大”有向“一煤更大”强化的趋势。

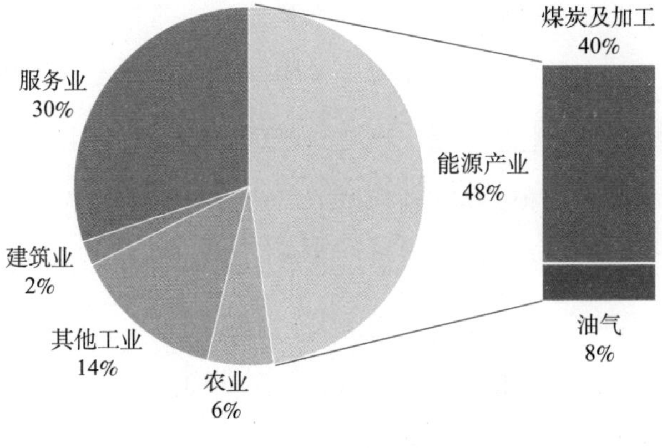

附图 1-3　2017 年榆林市经济结构

榆林生态环境压力与日俱增。榆林做大能源产业面临水资源、土地资源、大气污染物排放指标和能耗指标等众多现实约束，且随着大量项目集中上马，大量固体废弃物减量化资源化利用也成为榆林推动煤炭就地转化面临的新约束。当前榆林资源开发与生态保护的矛盾已经十分突出，20%的煤炭采矿权区、50%的探矿权区与生态红线重叠，众多大项目均面临环境排放和能耗指标不足的瓶颈制约。新上项目的水资源指标需依靠引黄工程，当前投产项目和在建项目预计将超出相应环境污染排放上限，未来招商项目需外购排污指标，仅环境成本就将导致总投资成本增加超过10%。煤化工项目的占地面积普遍在万亩以上。榆林依靠延长煤炭产业链谋发展的代价是巨大的，敞口式上项目的模式难以为继、不可持续。

二、实地调研情况

（一）调研基本情况

调研组抵达榆林后，首先与榆林市政府及相关职能部门就榆林推进能源生产和消费革命召开了专题座谈会。榆林市政府负责人向调研组介绍了榆林当前能源发展情况、主要问题及下一步发展思路：榆林当前发展仍是以煤炭资源为基础，按照陕西省对榆林提出的“三个转化”战略部署和要求推进煤炭在榆林本地的转化利用，并将发展煤化工作为战略重点；目前榆林发展主要面临着生态环境、能源消费总量指标等约束，煤炭开采及加工转化过程的各类固体废弃物成为榆林当前突出而亟待解决的问题；未来希望继续发挥能源资源优势，以建设高端能化基地为中心，推进煤炭、石油、天然气、煤电等生产规模继续扩大，不断壮大“煤头化尾”的煤化工产业链条，同时努力探索布局航空航天、医药健康、节能环保、装备制造等战略性新兴产业。调研组随后与榆林市政府相关部门就能源生产消费数据、能化产业、生态环境、固体废弃物、新动能产业（如氢能）等重点问题进行了交流。

会后调研组重点考察了榆林科创新城项目。该项目是榆林当前重点推进的建设项目，主要针对榆林转型面临的人才短缺、科技落后、开放不够、创新不足等问题，依托新的城区规划建设，吸引科研院所、科创型企业、高级教育机构等入驻，面向航空航天、医药健康、节能环保、装备制造等战略性新兴产业发展，为榆林转型助力。项目规划工作已经完成，准备开工建设。调研项目基本情况见附表 1-1。

附表 1-1　调研项目基本情况

时　间	调研项目	所属企业	项目特点
2019 年 7 月 23 日	榆林有色	陕西有色	依托燃煤自备电厂的低电价优势
	榆林象道国际物流园	象道物流	推动榆林煤炭运输“公转铁”
	榆林协和光伏项目	协和新能源	利用预留煤矿用地建光伏电站
	煤焦油深加工项目	榆能集团	国内最大的煤基芳烃项目
	高性能树脂项目	陕投集团	相比电石法实现了无汞催化
	煤炭分质利用项目	陕煤集团	全球在建最大煤制乙二醇项目
2019 年 7 月 24 日	神南产业“煤亮子”平台	陕煤集团	互联网模式下的煤炭装备服务商
	佳县盐化工项目	榆能集团	为煤化工、盐化工结合而建设
	天宏瑞科硅材料项目	陕西有色	基于硅烷硫化床法制多晶硅

此外，调研组还现场调研了煤化工、氧化铝、物流、光伏电站、制盐、单晶硅等项目现场。榆林当前布局的新一批煤化工项目已经进入开工建设阶段，项目投资规模均在百亿元以上，特别是陕煤集团与日本化学合作的全球最大的煤制乙二醇项目总投资达 1120 亿元。榆林有色集团的氧化铝项目仍处于初级产品（铝锭）生产阶段，下游缺少加工项目，生产工艺用能较为粗放，大量余热资源都没有回收利用；企业利润微薄，主要依靠燃煤自备电厂的低电价优势支撑生产运行。象道物流推动榆林煤炭运输结构的“公转铁”，建设了大规模的运输货场，计划建设 5 个大棚，每个大棚屋顶面积达到 10 万平方米，预计可装 5 万千瓦光伏面板。利用预留煤矿用地建光伏电站，也在一定程度上面临着消纳困难的问题。为推进煤化

工、盐化工结合而建设的佳县盐化工项目，虽然对蒸发结晶过程进行了能量优化，但与海水制盐相比仍处于劣势，在当前产能总体过剩的情况下，企业生存状况堪忧。榆林本地企业也尝试建设自主创新互联网经营项目——神南产业“煤亮子”平台，主要通过互联网提供煤炭开采装备租赁、出售等服务。通过配套煤矿等优惠政策，榆林也努力引入战略性产业，天宏瑞科硅材料项目引进的是美国 REC Silicon 的多晶硅生产项目，项目已经生产出的多晶硅产品正处在检测过程中。由于基础较为落后，榆林引入战略性新兴产业难度很大。

（二）榆林谋求转型的思路和做法

通过实地调研，发现榆林当前转型仍主要依托煤炭资源，政府推动转型发展的两大基本思路：一是通过煤炭上游让利推进产业链延伸，即通过政府配套低价煤、自备电厂等方式发展下游兰炭、煤电、镁铝等载能产业；二是以煤炭资源换取新兴产业，主要通过配套煤矿项目吸引现代煤化工、多晶硅等项目投资落地。从具体产业布局来看，能源化工产业居榆林打造现代产业新体系的核心位置，具体做法主要有以下三个方面：

一是以建成国内领先的能源供应地为发展目标。在与榆林市政府的座谈中，榆林市领导提出当前全市正以力争创建国家能源革命示范区为抓手，以煤炭清洁高效利用为主导，重点推进煤炭洗选提质、燃煤发电、煤化工、燃煤锅炉提升、煤炭分质利用、民用散煤清洁化、废弃物资源化利用等七大领域示范，并争取国家对以上方面工作的支持。榆林提出的建设国家能源革命示范区还是要重点突出煤炭特色，但从实地调研来看，除了丰富的煤炭资源，榆林还拥有优质的风、光资源条件，年平均日照时数高达 2600~2900 小时。调研组实地参观的象道物流项目是加快榆林煤炭运输结构调整的重点项目，5 个仓库总计可安装屋顶光伏 5 万千瓦，但在当前聚焦煤炭的发展思路下对清洁能源的关注度明显不足。榆林规划煤化工项目耗煤情况预测见附表 1-2。

附表 1-2 榆林规划煤化工项目耗煤情况预测

项 目	兰 炭[①]	煤间接制油	煤制气	煤制烯烃[③]	煤制乙二醇	煤制芳烃	其 他[④]	合 计
产能/万吨	7000	1000	120	695	440	200	180	—
产能利用率/%	60	40	50	80	80	80	—	—
煤耗系数[②]	1.65	5.6	34	6.6	4.5	—	—	—
原煤煤耗/万吨	6930	2240	2040	3670	1584	—	—	16464

注：①包含传统兰炭项目和低阶煤分质利用项目；②暂不考虑技术水平上升带来的煤耗系数下降；③产能利用率因沿海炼化基地投产而降低；④其他投产包括醋酸 100 万吨、聚甲氧基二甲醚 50 万吨、环己酮 30 万吨。

二是打造“煤头化尾”的全国现代煤化工产业集群。榆林近年确立了煤化工产业高端化发展战略，要以区域最优政策引进一批化工企业，到 2025 年要新增投资 3500 亿元，重点打造煤炭分质利用、煤制甲醇—烯烃及下游、煤制芳烃—乙二醇—聚酯、煤制油、煤基高端化工、氯碱化工等六大产业链。根据调研的项目数据，在考虑市场形势变化的前提下测算发展，若榆林规划的煤化工项目全部上马，预期每年榆林本地就将消耗原煤超过 1.5 亿吨，存在外供煤炭减少导致全国市场供需紧张的风险。

三是打造以镁铝深加工为主的新材料基地。榆林准备依托兰炭尾气炼镁和煤电铝联营的低成本优势，构建以氧化铝—电解铝、镁冶炼—铝镁合金—器件加工一体化的镁铝合金加工产业链，目标是 2025 年镁产量达到 70 万吨左右，占全国总产量的 80%、全球总产量的 60%。但榆林电网由榆林供电局和榆林供电公司分别建设和管理，庞大的兰炭尾气发电产业主要接入榆林供电局负责管理的 110 千伏及以下电压等级电网，承担发电任务的多为单机容量为 13.5 万千瓦及以下的小机组，装机合计占榆林供电局总装机容量的 76.9%。这些小火电基本不参与电力系统调节，导致榆林市清洁能源消纳的问题突出，2017 年弃风、弃光率高达 15%以上，并且呈现不断恶化的趋势。榆林发展镁铝深加工产业建立在综合利用小火电和自备电厂的基础上。管理体制的不合理从根本上推高了本地发用电成本，榆林大工业电价与周边省份相比也并不占优势（见附表 1-3）。

附表 1-3　主要能源基地 110 千伏大工业电价比较

单位：元/（千瓦·时）

地区	火电上网电价	政府基金	输配电价	目录销售电价/趸售电价
榆林	0.3345	0.0200	0.0502	0.4062/0.4279
陕西（不含榆林）	0.3545	0.0200	0.0502	0.5102
山西	0.3320	0.0471	0.0688	0.4582
甘肃	0.2978	0.0448	0.1287	0.4432
甘肃高耗能产业电价	—	—	0.0834	0.386
蒙西	0.2829	0.0443	0.0936	0.4208
蒙西高耗能产业电价	—	—	0.0506	0.3778
宁夏	0.2595	0.0432	0.1049	0.409
宁夏高耗能产业电价	—	—	0.0869	0.391

注：①以上目录销售电价与输配电价均不含基本电价；②2018 年 8 月陕西省进一步下调电价，榆林地区火电上网电价每千瓦·时降低 2 分，销售电价和趸售电价均下调，其中趸售电价每千瓦·时降低 0.67 分，大工业生产用电类别下的电炉铁合金、电解铝、电解烧碱、合成氨、电炉钙镁磷肥、电炉黄磷、电石生产用电执行大工业生产用电价格。

（三）当前做法存在的主要问题

榆林能源基地高质量发展涵盖煤油气电等能源全产业，也涉及能化产业融合等问题，是西部资源地区转型发展面临困难的集中体现。通过实地调研发现，榆林转型仍主要围绕煤炭做文章，长期来看难以摆脱“一煤独大”的局面，还存在进一步扭曲产业结构的风险。加大就地转化也与中央减少煤炭消费的精神相违背，且已经错过了 2017—2018 年煤炭形势向好下加速转型的窗口期。若继续采用当前的发展模式，将存在两大隐患：

一是地方转型与国家战略难以平衡。明确科学合理的能源产业结构对推动能源基地高质量发展最为紧迫。从发展方向来看，综合能源基地一般兼具煤炭、煤电和煤化工基地等多个定位，长期以来我国煤炭价格的大起大落使地方政府更倾向于延伸煤炭产业链、提高附加值，改变专门卖煤的初级定位。但从我国整体战略来看，煤炭、煤电和煤化工产品对我国长远发展的战略意义并不相同，各个能源基地因资源禀赋和区位优势不同，对保障国家能源安全的定位也存在差异。榆林建设煤炭基地对保障国家能源安全的重要性不言而喻，若把握不好地方转型与国家战略的平衡，将难以下好“全国能源一盘棋”，全局与局部利益均将受损。

二是保供稳价与资源接续难以平衡。先升级再转型是推动以煤为主的能源基地高质量发展的现实选择。煤炭资源是我国仅有的具有比较优势的化石能源，但从晋陕蒙能源基地来看，我国优质煤炭资源接续的形势不容乐观。山西、鄂尔多斯等煤炭主产区在“煤炭黄金十年”中存在不同程度的破坏性开采和“吃菜心”式开采，优质煤炭已经开发殆尽。榆林地区的煤炭开发起步最晚，拥有世界七大煤田之一的陕北侏罗纪煤田，95%以上是煤质优良的侏罗纪精煤，特别是随着鄂尔多斯市域内的侏罗纪煤田开采完毕，榆林地区将是我国最后一块侏罗纪煤田所在地。在秦皇岛港煤价跌至 350 元/吨的最低点时，榆林地区依靠极低的开采成本在坑口煤价仅有 120 元/吨，但仍能享有每吨煤近 30 元的利润。虽然榆林煤炭具有如此突出的成本优势，但是若走山西、鄂尔多斯走过的老路，不注重保持合理的开发节奏并盲目强调向煤电和煤化工品转型，将使我国优质煤炭难以接续的问题逐步暴露。推动榆林能源基地高质量发展亟须率先做好煤炭产业的优化升级，这将是“为转型作掩护，为国家谋长远”的一篇大文章。

三、政策建议

一是要立足国家能源安全推进榆林的能源转型。先升级再转型，在做好国家煤炭的供应基地的同时做好自身的转化。转变以规模扩张、本地转化为导向的煤炭发展模式，在资源可持续、生态可承受、能源安全有保障的前提下，构建煤炭产能规模约束机制，以做好优质煤炭产品输出为前提优化本地煤炭利用，推动能源产业向能源服务、能源装备等横向发展，面向未来发展新兴能源产业。也就是说，榆林现阶段的发展还离不开煤炭，但不能用煤炭所获收益继续扩大煤炭产业链。例如，一味地搞煤化工会使经济进一步套牢在“一煤独大”的经济体系中，应该投入新兴产业当中，努力依靠自身的力量实现经济转型和能源转型。要做到这一点，需要进一步拓宽地方领导干部对地方转型方向和路径的把握，有针对性地开展地方领导干部“走出去”，多看看国内、国际的先进做法，学习浙江、福建的生态文明建设经验，学习德国、北欧等先进国家、地区推动能源转型的理念和具体实践。

二是加快固体废物综合利用，实现变废为宝。充分利用成长期的资金优势，统筹推进煤炭开发与固体废物综合利用，避免再陷入山西、辽宁等先期资源型城市固废围城的困局，将固体废物利用与产业融合发展、生态环境补偿、民生改善相结合。坚持将煤矸石发电作为煤炭外送和煤炭资源高效利用的重要补充，开展电厂粉煤灰、化工渣、废催化剂综合利用试验示范，探索煤矸石在回填矿井采空区、填沟造田、填充公路等领域的应用，加快培育以粉煤灰、气化渣为原料的新型建筑材料产业。

三是加快电力体制改革，打造输配分开样板。以小火电整治作为理顺榆林两网关系、明确榆林两网职能的关键。推动将国网榆林公司作为输电企业，管理榆林地区线路和电厂的调度，承担维持电网安全备用责任，负责榆林 330 千伏及其以上电网投资建设和运行维护，由政府核定输电成本；推动将榆林电力局作为配电企业，大力培育多元化售电公司和综合能源服务公司，通过直购电等多种形式充分参与市场化竞争，满足用户对电力的多样化需求。

四是中央统筹经济布局，推进资源承载区转型。改革需要自上而下的行动，要立足国情推动理论和实践创新。建议中央统筹研究解决资源承载区域与能源消耗区域的平衡性问题，改变当前依靠能源基地自身摸索转型路径的不足，以能源基地为样本开展区域经济布局试点。例如，在承担国家能源安全责任较多的地区，中央政府主动将一些战略性新兴产业（如以电动汽车为代表的先进制造业）布局于这些资源承载区，减少这些地方自下而上探索转型的盲目性。

附录二　广东省车用氢能产业链调研报告

发展氢能既是加强我国能源安全、优化能源消费结构的重要途径，也是带动新材料、新能源汽车及氢储存与运输等高端装备制造业快速发展的关键动力。尤其在李克强总理参观日本丰田氢燃料电池车 Mirai 之后，氢能及燃料电池领域成为国内资本和行业争相布局的焦点。课题组调研了国内具代表性的佛山、云浮两市氢能及燃料电池汽车推广情况，深入分析了两地车用氢能产业的发展前景，发现当前我国氢能及燃料电池汽车产业发展存在核心技术、成本控制、基础设施等问题。结合佛山、云浮两市车用氢能推广经验，报告提出强化顶层设计、加快技术研发、完善标准体系等政策建议。

一、氢能及燃料电池汽车战略意义

氢能热值高，储量丰富，来源多样，应用广泛，是一种清洁高效的战略性能源，也是实现电力、热力、液体燃料等能源品种之间转化的理想媒介，具有极佳的环境友好度，特别是在能源转型和应对气候变化的大背景下，一直备受世界各国关注。美国、日本、欧盟国家等发达国家对氢能及燃料电池从 20 世纪末开始就进行了长期的投入。美国最先提出“氢经济”概念，欧盟将氢能作为清洁能源系统的重要组成部分，日本甚至将其上升到国家能源战略高度，由政府发布了《氢能基本战略》，将氢能战略定位为日本第三大能源支柱。

近年来，国际上燃料电池技术不断进步和成熟，包括功率密度、寿命、冷启动技术等关键问题均已基本解决。燃料电堆功率密度大幅提升，国际先进水平已达到 3 千瓦/升，超过美国能源部 2020 年规划指标要求；燃料电池乘用车系统使用寿命达到 5000 小时，商用车达到 10000 小时；基于 70 兆帕储氢技术，氢燃料电池汽车续驶里程可达到 750 千米；车辆性能和质量都已达到商业化要求。基础设施方面，2018 年全球正在运行的加氢站数量突破 320 座。在技术进步和基础设施建设的推动下，近几年氢能尤其是燃料电池汽车产业化明显提速，2015 年以来连续三年保持 50%以上的增长率。到 2017 年底，全球总计售出了 6475 辆氢燃料电池乘用车，部署了超过 2 万辆燃料电池叉车。2018 年以来各国氢能政策见附表 2-1。

附表 2-1　2018 年以来各国氢能政策

国家/组织	氢能政策
欧盟	公布《2050 长期脱碳战略》，包括实现碳中和的氢途径； 重新制定《关于促进使用可再生能源的指导意见》，将可再生能源制氢纳入 2030 年可再生能源发展目标； 建立欧盟成员国“氢能源网络”研讨平台，28 个欧洲国家与约 100 家企业、组织和机构签署了林茨宣言“氢倡议”，促进可持续氢技术方面的合作
日本	主持由 21 个国家和企业代表参加的首届氢能部长级会议，就国际协作达成东京联合声明； 更新战略路线图，以实施《基本氢能战略》，包括氢能和燃料电池的成本和部署的目标； 在日本中央政府可再生能源、氢及相关问题部长级理事会指导下，日本开发银行支持 H_2 Mobility 项目，计划在 2021 年前建成 80 座氢燃料补给站
美国	延长和加强奖励二氧化碳储存项目税收优惠，奖励二氧化碳转化为其他产品，包括与氢结合； 加利福尼亚州修订低碳燃料标准，鼓励发展加氢站，为碳捕获、利用和封存（Carbon Capture，Utilization and Storage，CCUS）运营商提供碳积分； “加州燃料电池伙伴计划”提出到 2030 年建成 1000 个氢燃料加气站和 1000 万辆 FCEVs 的目标，与中国的目标相匹配
英国	设立两笔 2000 万英镑的资金，用于低碳氢供应创新和包括 Power-to-X 在内的大规模储氢创新； 发表供热系统脱碳技术综述，包括建筑物氢能应用； 测试英国天然气网络 20%氢气掺混技术； 宣布 1.7 亿英镑产业战略挑战基金支持产业集群脱碳

续表

国家/组织	氢能政策
韩国	发布了一份关于2022年和2040年含燃料电池汽车和加氢站的氢经济路线图，提出2025年将所有商用汽车转向氢燃料的愿景； 为加氢站提供财政支持，并放宽许可； 宣布将为氢经济制定技术路线图
德国	批准14亿欧元资助为期10年的国家氢能和燃料电池技术创新项目，其中包括氢燃料加气站、燃料电池汽车和微型热电联产补贴，另含20亿欧元私人投资； 支持氢动力火车的首次商业化运营

在我国实施能源变革和动力转型的背景下，发展氢能对我国以建立清洁低碳、安全高效的现代能源体系为目标的能源转型和以电动化、智能化、网联化为主要特征的动力转型具有重要意义。国内紧跟国外步伐，持续推进氢能和燃料电池研发和产业化。近年来，国家《能源技术革命创新行动计划2016—2030》《“十三五”国家战略性新兴产业发展规划》《“十三五”国家科技创新规划》都将氢能与燃料电池技术创新列为重点任务和发展方向。在国家产业政策推动和财政补贴的支持下，地方政府和企业积极探索氢能产业发展。2017年以后，对氢能及燃料电池的投入和关注持续升温，特别是李克强总理2018年参观日本丰田氢燃料电池车Mirai之后，氢能领域成为资本和行业争相布局的焦点，在国内部分地区掀起了发展氢能和燃料电池汽车的一股热潮。

目前，国内初步形成了以交通应用为主的氢能和燃料电池产业链。2017年国内燃料电池车总产量为1272辆，相比2016年的629辆增长102%，其中客车占22%、专用车占78%。全国有超过20个地方政府宣布要发展氢能或燃料电池汽车产业，其中佛山市、云浮市是较早引入氢能产业，并取得显著成效的地区。

本报告以佛山、云浮两市车用氢能产业发展与氢燃料电池汽车示范运行实践为切入点，首先，系统地介绍了佛山、云浮两地发展车用氢能产业的背景、相关支持政策及产业发展现状。其次，深入分析了佛山、云浮两地车用氢能产业目前存在的问题和未来发展前景。最后，有针对性地提出了推动两地车用氢能产业持续健康发展的政策建议。

二、佛山、云浮两市氢燃料电池汽车产业发展现状与前景展望

（一）扶持政策

佛山市是我国较早关注并引入车用氢能产业的地区。2010年底，广东广顺新能源动力科技有限公司正式成立，拉开了佛山市氢能产业发展的帷幕。以此为契机，佛山市陆续与中国科学院大连化学物理研究所、华南理工大学等高等科研院所在车用氢能燃料电池及其核心零部件等领域展开深度合作，为后续引进长江汽车、爱德曼等产业化项目奠定了坚实基础。《佛山市2018—2019年新能源公交推广应用和配套基础设施建设财政补贴资金管理办法》明确规定了佛山市新能源公交车和公交加氢站的建设运营补贴标准。其中，氢能燃料电池公交车按照国家补贴的100%确定地方购车补贴，且各级财政对车辆购置的补贴总额不超过车辆销售价格的60%；加氢站方面，2018—2019年建成的加氢站，对日加氢能力在300~500千克的固定式加氢站，补贴300万元，对日加氢能力大于500千克的固定式加氢站，补贴500万元，对日加氢能力不低于200千克的撬装式加氢站，补贴150万元。

2014年，依托与佛山市的对口帮扶平台，云浮市前瞻性地引入氢能产业并确立其未来支柱产业地位，推动地区氢能产业快速发展，并在氢能产业扶持政策方面取得一定突破。2017年12月，云浮市发布了《云浮市推进落实氢能产业发展和推广应用工作方案》，为云浮市氢能产业建设和氢能产业链完善提供具体工作方案。目前，云浮市也正在研究制定《云浮市2018—2020年氢能源汽车推广应用工作方案》（征求意见中）。该方案提

出，2018 年起云浮市新增或更新公交车 100% 推广使用氢燃料电池车或纯电动车，2020 年底完成全市公交车全部使用氢燃料电池车或纯电动车。加氢站方面，云浮在 2018—2020 年规划建成 10 座加氢站，原则上要求新建加油站配套建设加氢设施，推广加油加氢合建站。补贴政策方面，加氢站（含合建站）建设一次性补助标准为 50 万元/百千克，加氢站运营补贴为 5 万元/（百千克·站·年）；氢燃料电池汽车购置补贴中，中央和省购车补贴合计不足车辆销售价格的 60% 的，由市县两级财政补足；氢燃料电池公交车运营补贴标准为 20 万元/（辆·年）；氢燃料电池出租车、农村客运运营补贴标准为 15 万元/（辆·年）；氢燃料电池物流车运营补贴标准为 10 万元/（辆·年）。

（二）发展现状

目前，佛山、云浮两市已形成涵盖氢能及燃料电池技术研发、氢燃料电池电堆与系统生产、燃料电池客车整车制造、氢燃料加注基础设施网络、氢燃料电池汽车示范试运行在内的产业链五大环节的产业体系布局。

1. 氢能及燃料电池技术研发

一方面，云浮市与佛山科学技术学院合作共建佛山云浮氢能产业与新材料发展研究院，现已拥有燃料电池领域一流技术专家和来自全国各地燃料电池领域资深工程技术人员 50 多人，主要进行燃料电池电堆、系统集成以及相关零部件开发，并获批广东省新型研发机构和广东省绿色能源与材料工程技术研究中心。另一方面，云浮市和中国标准化研究院共建云浮（佛山）氢能标准化创新研发中心，主要开展“氢能与燃料电池标准化建设、产业发展政策规划研究、检测检验技术引进转化”等工作，协助推进建设国家级氢能产业标准创新基地。

2. 氢燃料电池电堆与系统生产

云浮市通过与加拿大巴拉德公司合作，引进国外商用车燃料电堆核心技术，并进行消化吸收和创新升级，研发出具有自主知识产权的30千瓦燃料电池系统模块，实现设计标准、供应链体系、性能成本等最大优化，综合成本比进口价格降低20%。佛山（云浮）产业转移工业园区核心企业现已完成45千瓦、70千瓦、120千瓦燃料电池系统模块的自主开发。2017年，园区国鸿巴拉德公司建成年产2万台燃料电池电堆9SSL生产线，成为全球较大产能的燃料电池电堆及动力系统生产线，已投入9000套电堆订单产品生产；国鸿重塑公司建成5000套燃料电池动力系统生产线。在氢燃料电池动力总成方面，广东国鸿与上海重塑合作成立了国鸿重塑，形成了全面配套飞驰和国鸿动力总成的装备制造能力。园区氢能产业基本实现生产原材料连同生产设备国产化，并形成自主知识产权。

3. 燃料电池客车整车制造

佛山市是较早布局氢燃料电池核心零部件制造的地区，以广顺新能源为主要代表的零部件生产企业在氢气压气机、增湿泵、氢气循环泵、喷射泵、燃料电池加热器、电暖风等10多个用于氢燃料电池动力装置的核心零部件研发与应用方面取得了突破。部分产品已在上汽集团等汽车制造公司的燃料电池汽车制造中取得了很好的应用效果，其与上汽合作开发的第二代离心涡轮压缩机APM140-100W机型是国内目前唯一配套装车并供燃料电池系统使用的空压机，已形成小批生产能力。云浮飞驰已经建成产能规模达5000台整车的柔性生产基地，是目前国内最大的氢燃料电池客车生产基地。近两年来，陆续有3个型号的氢燃料电池汽车入围工业和信息化部新能源汽车推荐车型目录。

4. 氢燃料加注基础设施网络

2017年9月，瑞辉加氢站在佛山市南海区正式投产运营，成为全国第一座商业化运营的加氢站。为全面推动佛山市加氢站等基础设施建设，2017年12月，佛山市与中国石化、中国石油签署了加氢加油合建站项目计划，依托已有的加油站网点，增设加氢功能。按照佛山市氢能燃料电池汽车推广计划，2018 年佛山市辖五区将建成至少 10 座加氢站，以支撑氢燃料电池汽车的率先商业化运行，到 2020 年，佛山全市将建成约 20 个加氢站。云浮市方面，2016 年 9 月首批氢燃料电池公交车提供加氢服务的云浮国鸿加氢站投入运营。2017 年和 2018 年，云浮市先后与上海舜华新能源系统有限公司、山西美锦能源股份有限公司等成立了云浮舜为氢能有限公司和云浮锦鸿氢源科技有限公司两家加氢站建设与运营管理平台公司，缩短了进口设备的采购周期，也奠定了云浮市加氢站等基础设施建设的技术基础。2017 年 11 月以来，云浮市先后有 4 个加氢站开工建设，其中两座是油氢合建站，旨在油氢合建站领域率先取得突破。按照规划，云浮市将于 2019 年底建成 10 座加氢站。

5. 氢燃料电池汽车示范试运行

2016 年，佛山市三水区和云浮市云城区分别启动氢燃料电池公交车示范线。2017 年，国能联盛牵头成立氢燃料电池物流车运营平台，并率先开通了罗定—云浮—佛山的氢燃料电池物流配送专线。首批投放到云浮市 Q101 路的 5 辆氢燃料电池公交车于 2017 年 6 月 16 日正式上牌投入运营。按照计划，佛山市将于 2019 年底前投运 1000 辆氢燃料电池公交车，云浮市也将于 2020 年左右实现公交车电动化，预计将有超过 200 辆氢燃料电池公交车投入运营。在车辆示范运行阶段，佛山和云浮两市积累了大量的氢燃料电池汽车运行数据，将对后续车辆开发和设备选型提供技术支撑。示范运行线路有效发挥了宣传作用，让社会公众对氢能及氢燃料电池汽车有了比较全面、客观的了解，既在珠三角乃至华南地区树立了标杆，又为车用氢能终端产品的深入推广应用奠定了认知基础。

（三）前景展望

氢能在交通领域的应用既是氢能产业快速发展的突破口，也是氢能产业的重要基础市场。佛山、云浮两市选择以氢能产业为主要抓手，带动地方产业结构转型升级，契合当前我国节能低碳、产业升级、产业扶贫等重大战略方针。在具体推进产业发展过程中，两市注重引进国际先进技术和高端人才团队，加快对先进技术的吸收与转化，提高氢能产业领域核心技术与装备的国产化率，逐步降低对发达国家的依赖；同时，两市重视融合发展，积极探索央地融合、军民融合、城乡融合、国企民企融合的共享经济发展模式；在佛山对口帮扶云浮发展的过程中，以氢能产业为主要突破口共建产业园区，探索出一条产业兴城之路，有效避免了产业空心化、工业园区房地产化的发展陷阱。

虽然与国外领先地区仍存在一定差距，但从产业发展阶段和发展环境看，佛山和云浮氢能和燃料电池产业顺利度过了产业导入期，开始进入成长期，基本确立了在当前国内氢能产业发展版图中的领先地位。依托广东省制造业传统优势和雄厚的经济实力，以及在氢能产业领域积累起来的持续创新能力，佛山和云浮两市将在以下三方面具有较强竞争优势：

一是商用车氢燃料电池电堆与系统方面。目前，以爱德曼和广东国鸿为主要代表的燃料电池电堆生产企业，既具备最大的产能规模，也具备稳定的系统性能；国鸿重塑是当前国内最大的燃料电池动力总成生产企业，目前为超过一半的国内氢燃料电池汽车提供了动力总成；氢燃料电池电堆与系统自主创新体系基本构建完成，在大功率、高功率密度电堆的开发与应用方面已经走在国内前列。这些都为佛山和云浮在未来较长一段时间内引领国内商用车用氢燃料电池与系统奠定了坚实基础。

二是核心关键零部件方面。目前，氢燃料电池动力总成需要的空气压缩机、氢气循环泵、增湿器、过滤器等核心关键零部件仍然主要依赖进口。广顺新能源、国能联盛、广东重塑等佛山、云浮两地核心企业积极布局核心零部件的开发与应用，压缩机和氢气循环泵等部分产品已经初步具备产业化推广的技术条件。

三是氢燃料电池电堆与系统的推广应用方面。首先，在氢燃料电池汽车推广应用方面，佛山、云浮两市高度重视加氢站等基础设施建设，预计到2022年底，将基本建成能够覆盖公共交通系统的加氢站网络。按照规划，2018年底，佛山、云浮两市将投运300辆氢燃料电池公交车，到2019年底，氢燃料电池公交车保有量将超过1000辆。此外，随着加氢站等基础设施日臻完善，氢燃料电池物流车也将大幅推广。预计到2025年，佛山、云浮两市氢燃料电池汽车保有量将突破5000辆，有望形成在国内的领先地位。其次，在通信基站、应急专用车辆等备用电源方面，云浮市已经与中国铁塔、南方电网等终端用户建立合作关系，燃料电池备用电源产品开发已开始示范推广。

三、面临的问题

虽然云浮、佛山两市车用氢能产业在全国走在前列，但相比国际先进水平，仍存在核心技术、经济性、基础设施建设及标准体系方面的一系列问题。

（一）核心技术尚待突破

首先，在燃料电池汽车系统集成能力上有较大的差距，乘用车尤其明显。国外以2014年发布的丰田Mirai为代表，其实现了114千瓦的燃料电池功率，电堆2千瓦/千克的质量比功率和3.1千瓦/升的体积比功率，超过5000小时的寿命，以及整车超过500千米的续航里程，标志着氢燃料电池乘用车已经可以满足高端车型苛刻的性能需求，其在2017年实现了全球超过3000辆的销量。佛山、云浮两市尚未布局乘用车领域，国内也只有上海汽车集团股份有限公司推出了荣威950燃料电池乘用车，整车额定功率55千瓦，同Mirai相比，在包括比功率、续航、寿命、成本控制等核心指标上有比较大的差距。正是由于在集成技术上差距明显，国内选择了对空间、重量要求更低因而集成难度也更小的燃料电池商用车作为开发的重点。

其次，核心部件尚未达到真正产业化应用水平，工程化能力亟须提高。燃料电池电堆是燃料电池汽车的核心，目前国内能够生产电堆的企业有两类：一类是以国鸿氢能为代表，通过引进巴拉德的技术，在其授权下生产燃料电池电堆，这类企业占据了国内市场的90%以上；另一类是能够自己独立开发电堆的国内企业，以大连新源动力为代表。对于前者，零部件基本由技术方提供，国内企业主要负责组装，在国内已经基本实现产业化生产，但由于受制于知识产权，自主开发和零部件的国产化受到很大限制。对于国内独立研发的企业，电堆的耐久性能虽已经达到5000小时，可满足产品商业化的基本需求，但由于相比国外的投入处于一个较低的水平，批量化应用不足，在可靠性等工程化方面有较明显的差距。除了电堆，储氢瓶也是目前差距较大的核心部件。气瓶压力越高，储氢密度越高，整车的系统能量密度就越高，可以实现更大的续航能力。日本丰田的乘用车余用70兆帕的Ⅳ型（非金属内胆纤维全缠绕）高压储氢瓶，实现了5千克的储氢量和5.7%的储氢质量比，续航达到500千米以上。国内由于标准以及技术的原因，只能使用压力为35兆帕的Ⅲ型（金属内胆纤维全缠绕）储氢瓶，储氢质量比约为3.8%，即使未来提高到70兆帕压力，储氢密度也只能做到约5%。较低的储氢密度极大地限制了燃料电池汽车续航能力。

最后，关键原材料性能差距巨大，基本需要进口。膜电极组件是燃料电池电堆的核心，成本占据了电堆成本的一半以上。国内用的膜电极组件绝大多数依靠进口，即便国内有企业能够自己组装生产膜组件，所用的原材料仍需要进口。膜电极组件中最重要的是质子交换膜和催化剂。对于质子交换膜，目前几乎被杜邦、戈尔等国外公司垄断，国内如东岳集团虽已经开发出产品，市场开发还需时间。对于催化剂，市场完全被英国JM、比利时 Umicore 和德国 BASF 垄断，其中 JM 的技术和市场份额处于领先地位，国内的高性能催化剂开发仍停留在实验室阶段，商用的基本全部来自进口。

（二）装备及燃料成本高

燃料电池以及核心辅件的成本目前仍过高，整车成本距主流消费区间仍有较大差距。尽管在技术和工艺持续进步的推动下，燃料电池汽车 2018 年的成本相比 2008 年降低了 80%以上，但是目前燃料电池汽车的成本仍然很高。虽然当前有较高的国家和地方财政补贴，但是燃料电池汽车仍然难以真正实现商业化，主要是由于燃料电池系统和以空气压缩机为代表的关键辅件价格高昂。国内燃料电池系统目前的成本在 5000 元/千瓦以上，离实现 150~300 元/千瓦这一与内燃机价格相当的目标还有非常大的差距。除燃料电池以外，部分关键辅件的价格也很高，最典型的是空气压缩机。丰田 Mirai 乘用车使用自己生产的空气压缩机，目前单价高达 20 万~30 万元。国内相同水平的空压机还处于空白状态，即使是要求相对较低的商用大巴，其空气压缩机价格仍旧高昂。装备价格高昂最主要的原因是燃料电池汽车尚处于量产初级阶段，生产规模较小，生产工艺尚不能实现批量化生产。此外，也与关键原材料价格居高不下、所需材料依赖进口有关。贵金属铂催化剂属于稀有贵金属，材料本身价格一直居高不下。质子交换膜、催化剂、碳纸等关键材料完全依赖进口，市场和价格由少数国际寡头垄断和决定。关键原材料价格高昂，严重限制了燃料电池系统成本的大幅降低。

氢能产业链尚未打通，用氢成本较高。目前国内氢气来源丰富，工业副产氢或煤制氢的价格相对偏低，约在 10 元/千克的水平；电解制氢的价格较贵，主要取决于电价水平，即使部分地区采用 0.3 元/(千瓦·时) 谷电制氢，氢气成本也高达约 20 元/千克。国内储氢运氢都采用高压气态的方式，目前常用长管拖车进行氢气运输，压力只有 20 兆帕，运量小，而且储氢、运氢还需要专门的资质，导致目前高压气瓶储运氢的成本较高。以云浮加氢站为例，其购买的工业副产氢价格为10元/千克，但是在经过150千米运输后，到加氢站的价格已经涨到35元/千克，相当于150千米距离的运输价格高达25元/千克。加氢站建设成本也较高，云浮加氢站750千克/天的加氢能力，加注相关价格为10元/千克。燃料电池乘用车按照百千米用氢1千克计算，百千米用能成本达到45元，这和普通燃油车的水平相当，高于混合动力的燃油车水平，更是远高于电动汽车的用能成本。

（三）基础设施建设管理滞后

加氢站数量稀少，商业化运行的加氢站屈指可数。加氢站供应能力有待进一步提高。截至2018年3月，我国已正式运营的固定加氢站只有7座，其中6座加氢站为日加注能力仅200千克的示范型加氢站。正在规划、建设中的加氢站数量较多，佛山市规划要在2018年建设10座加氢站，但是建设中加氢站的加氢能力大多小于400千克/天，每天只能服务100辆乘用车或16辆公共交通客车，与加油站平均服务上千辆汽车相比，加氢站单站的供应能力明显偏小。

缺乏标准的加氢站建设审批流程、法律法规不完善。由于加氢站在我国尚属新鲜事物，从立项审批到建设过程，以及建成后的运营等环节，都缺乏既有的流程与管理制度。当前我国大多数地区加氢站建设批复手续十分烦琐，尚不明确具体由哪个部门负责审批。对加氢站的审批建设在部分地区处于摸索完善的过程中，如佛山市逐渐建立了一套当地的建设和审批流程，并由住房城乡建设部门负责。对于制氢厂，一些观点认为氢气生产属于化工生产，要位于化工区，以此否定制氢加氢合建站的发展；国家层面对此尚未出台明确的法规。

加氢站在城市规划设计中缺位。加氢站的规划设计、建造要想达到商业化运营的要求，其运营的经济性为首要条件，要从城市规划设计阶段就开始关注加氢站类型的选择（合建站、集中/分散制氢等）和氢源的选择等因素。能够商业化运营的加氢站应满足“连续加氢运行、经济过关、安全可靠”等基本要求。但是从国内已建成或规划建设中的加氢站来看，考虑更多的是能够达到财政补贴的最低要求，没有长远的规划设计理念。

目前，国内滞后的加氢站布点规划和建设严重制约了国内氢能产业的推广和发展。随着燃料电池核心技术的突破和成本的下降，氢能燃料电池汽车逐步进入商业化市场化阶段，加氢基础设施服务的覆盖范围、便利性将直接影响氢能燃料电池车辆的推广和普及。

（四）技术标准、检测体系严重落后

目前，国内的氢能标准主要集中在应用领域，即燃料电池技术标准，其占据了氢能技术标准的50%以上，而在氢能基础设施、加氢站、安全性、氢品质、氢气储存、氢制备、加注设备和检测方面的标准相对缺乏，尤其是关于氢品质、储运、加氢站等的标准严重不足。这些既有国内起步较晚，核心技术积累有限的原因，也与我国科技和能源战略以及行业管理相对滞后有关。

氢气储运的相关标准与法规不完善。我国针对氢气储运制定了相关标准，但是还没有形成一套完整的、体系化的储运标准。如氢气管道标准，目前还没有专门的氢气长输管道和配送管道标准。现有的氢气管道相关标准规范要求不全面，难以满足氢气长输管道建设。液氢是未来规模化氢能供应链中一种重要的储运方式，但是我国目前还没有制定商用液氢供应链的相关标准。另外，我国氢气长管拖车工作压力目前限制在20兆帕和25兆帕，随着加氢站向更高压力70兆帕发展，长管拖车的工作压力应该增加，以提高运输效率、降低成本。

加氢站技术与验收标准还不成熟。当前我国部分加氢站不能按照国际通行的标准实现3~5分钟快速加氢，无法控制加氢速率并预知车载储氢瓶的温升，达不到商业化运营的目的。部分站点的关键装备选型追求低价，甚至包括加氢机在内都无法满足长期连续可靠运行的要求。压缩机、储氢容器、加氢机等关键核心设备依赖进口。

四、政策建议

针对佛山、云浮两市车用氢能产业调研发现的问题，我们提出以下三点政策建议。

（一）强化顶层设计，把控产业发展节奏

目前，我国氢能相关技术水平和产业化基础与国际领先水平仍存在明显差距，燃料电池核心技术和关键材料仍掌握在加拿大、美国、日本、韩国、德国、法国等发达国家手中。在此背景下，若国内产业化进程过快，本土市场可能沦为海外技术试验田。因此，建议统筹规划全国氢能产业布局，合理把控产业发展节奏。在产业化初期，应聚焦大型客运、中重型货运等重点领域集中开展示范运行。示范区应尽快明确氢能行业主管部门，联合当地能源、安全、环保、交通等相关政府职能部门出台氢能应用专项管理办法。

（二）加快技术研发，聚焦重点领域突破

我国车用氢能燃料电池铂担量高，膜电极、双极板等关键部件寿命短，衰减机制尚不明确，控制策略也有待完善，迫切需要加强燃料电池的材料新体系及其电化学机理过程的研究。应注重发挥政策对技术创新的促进作用，在基础研究环节集中发力，尽快突破核心技术和关键材料瓶颈，研究制定差别化的补贴政策，形成鼓励先进、刺激后进政策环境。在科研项目支持方面，可重点支持膜电极、质子交换膜、催化剂、碳纸等关键材料，氢气循环泵、空气压缩机、增湿器、DC/DC、加氢枪等核心关键零部件的技术研发及氢燃料电池电堆与系统的国产化与氢燃料电池汽车正向开发。

（三）完善标准体系，鼓励运营模式创新

国内氢能储运及加注细化政策和标准制定仍处于探索阶段，相关项目的审批、运营管理部门职能划分尚不清晰。应尽快明确氢燃料的能源属性，完善氢气生产、储运、加注等环节的法规与标准。调研发现，建设运营加氢站与天然气加气站具有可比性，建设“油—气—氢”混合加注站可有效降低加氢站的建设门槛。《广东省人民政府关于加快新能源汽车产业创新发展的意见》明确鼓励加油（气）站与加氢站合建，对于利用加油（气）站已有用地建设加氢站的，免予办理规划选址、用地等手续。建议其他示范区借鉴相关经验，积极探索运营模式创新，简化项目选址、报建、施工、经营全过程的审批及管理流程。在运营环节，建议研究出台以加氢量为基准、与运营里程相挂钩的“后端补贴”制度，确保加氢站建设及运行质量。